汽车设计的故事

陈新亚 编著

化学工业出版社
·北京·

内容简介

《汽车设计的故事》选择汽车历史上最有影响力的22位汽车设计师,讲述他们的奇思妙想、灵感来源、独特设计理念和方法以及他们的精彩人生、坎坷命运和有趣故事等。书中配有300多幅设计师们的代表作品图和设计图,还附有"怎样设计车身造型""怎样成为汽车设计师"等实用知识。

《汽车设计的故事》内容通俗易懂,编排新颖,对启迪思想、激发好奇心很有帮助,适合青少年、汽车爱好者、汽车从业人员和科普爱好者阅读使用。

图书在版编目(CIP)数据

汽车设计的故事/陈新亚编著.—北京:化学工业出版社,2022.10
ISBN 978-7-122-41997-2

Ⅰ.①汽… Ⅱ.①陈… Ⅲ.①汽车-设计-工程技术人员-生平事迹-世界 Ⅳ.①K815.16

中国版本图书馆CIP数据核字(2022)第147062号

责任编辑:周 红　　　　　　　　　　　文字编辑:郑云海　温潇潇
责任校对:边 涛　　　　　　　　　　　装帧设计:溢思视觉设计

出版发行:化学工业出版社(北京市东城区青年湖南街13号 邮政编码100011)
印　　装:三河市延风印装有限公司
787mm×1092mm 1/16　印张12　字数166千字　2023年1月北京第1版第1次印刷

购书咨询:010-64518888　　　　　　　　售后服务:010-64518899
网　　址:http://www.cip.com.cn
凡购买本书,如有缺损质量问题,本社销售中心负责调换。

定　价:89.80元　　　　　　　　　　　　　　　　　　　版权所有　违者必究

赋予汽车灵魂的人

如果把汽车看作是一个机械动物，有脸、眼睛、身躯、四肢和腿脚，那么，汽车也有灵魂，它们表现出不同的气质和风范，吸引着不同的人们喜爱和购买。

汽车的灵魂虽然看不见、摸不着，但确实存在。你看到一辆汽车，首先感受到的是它的外形，但你对它是否一见钟情，是否想拥有它，却是由汽车的灵魂决定的。设计师正是赋予汽车灵魂的人，他们利用自己的想象力、独创力，以及具体而独特的造型设计，塑造汽车的灵魂，让不同品牌的汽车呈现出不同的魅力。

正如曾执掌奔驰汽车设计25年的布鲁诺·萨科所说，"奔驰必须永远看起来像是一辆奔驰"，意思是每一款奔驰汽车必须拥有独特而一致的奔驰灵魂；克里斯·班格对宝马汽车设计思想的变革，实际上就是改造宝马汽车及品牌的灵魂，使其重新焕发活力；德席尔瓦正是通过大胆的"大嘴"设计，让奥迪汽车品牌的灵魂得到升华，从而开始跻身豪华汽车市场；霍尔茨豪森为特斯拉创立的"简单而优雅"设计思想，至今仍是这个品牌的至高灵魂。一个设计师，可以拯救或成就一个品牌。

一般来讲，开发一款新车型都是从市场调研开始，根据调研结果确定车型定位，然后确定设计方向，再利用计算机辅助设计软件绘制设计草图，制作油泥模型，打造样车，进行室内和道路试验,完成生产制造工程设计等。这个过程短则两三年，长则四五年，而一款车型的销售生命周期至少三年。这就要求一款车型的设计定稿后，过了五六年后仍然要有很多人喜欢它的造型设计。所以，汽车设计师们也面临越来越大的挑战。他们必须能够更加准确地预测未来，至少要预测五年后的社会审美、消费需求以及汽车技术发展等。

阅读22位汽车设计大师成长和成功的故事，将引领我们进入世界顶尖汽车设计室，看看他们是怎样设计汽车、赋予汽车灵魂的。

270963083@qq.com

目 录

第 1 篇

从马车模式到汽车造型 /1900 ~ 1940

第 1 章　现代汽车设计始祖：威廉·迈巴赫 …………… 002

第 2 章　汽车设计绝世泰斗：费迪南德·保时捷 ………… 007

第 3 章　美国豪车设计之父：亨利·利兰 ………………… 015

第 4 章　汽车艺术设计巨匠：埃托雷·布加迪 …………… 022

第 5 章　车身造型设计宗师：哈利·厄尔 ………………… 029

第 2 篇

从省油小车到豪华轿车 /1941 ~ 1970

第 1 章　霸道爵爷设计师：威廉·莱昂斯 ………………… 038

第 2 章　疯狂小车设计师：但丁·贾科萨 ………………… 046

第 3 章　意大利设计教父：巴蒂斯塔·宾尼法利纳 ……… 052

第 4 章　传奇小车定乾坤：亚历克·伊斯哥尼斯 ………… 058

第 5 章　超级酷车设计大师：努乔·博通 ………………… 064

第 6 章　空气动力学专家：马尔科姆·塞耶 ……………… 071

第 7 章　汽车豪门设计师：保罗·布拉克 ………………… 076

第 3 篇

从疯狂赛车到超级跑车 /1971 ~ 2000

第 1 章　疯狂赛车设计师：柯林·查普曼 …………… 086

第 2 章　世纪汽车设计师：乔盖托·乔治亚罗 ……… 094

第 3 章　意大利楔形大师：马尔切洛·甘迪尼 ……… 100

第 4 章　奔驰就要像奔驰：布鲁诺·萨科 …………… 107

第 4 篇

从全球化到电动化挑战 /2001 ~ 2020

第 1 章　冬天里的一把火：克里斯·班格 …………… 116

第 2 章　灵感是无处不在：弗兰克·斯蒂芬森 ……… 122

第 3 章　家族脸谱刻画师：沃尔特·德席尔瓦 ……… 130

第 4 章　从车迷到设计师：伊恩·卡勒姆 …………… 136

第 5 章　变色龙华丽转身：亨里克·菲斯克 ………… 144

第 6 章　新势力设计先锋：弗朗茨·冯·霍尔茨豪森 … 150

第 5 篇

怎样设计车身外观

第 1 章　绘制概念草图 ………………………………… 158

第 2 章　画设计效果图 ………………………………… 160

第 3 章　制作油泥模型 ………………………………… 162

第 4 章　电脑辅助设计 ………………………………… 164

第 6 篇

怎样成为汽车设计师

第 1 章　接受必要的教育 …………………………………… 168

第 2 章　建立作品集和联系 ………………………………… 170

第 3 章　申请合适的职位 …………………………………… 172

附录

附录Ⅰ　梅赛德斯-奔驰S级造型演变图（1928—2020）…… 175

附录Ⅱ　经典汽车造型设计图谱……………………………… 179

第1篇
从马车模式到
汽车造型
/1900～1940

20世纪初期,汽车设计分工还不细,一位汽车设计师往往负责一款新车的所有设计工作,包括发动机、底盘结构以及车身等构件的设计。一些汽车厂甚至只制造没有车身的"裸车",买主订购后再到专业车身厂订制车身。车身的设计、制造和最后的装配工序都是在车身厂完成的。虽然一些汽车厂销售带车身的整车,但车身结构非常简单,没必要聘用车身造型设计师,车身设计都由设计汽车的工程师代劳了。本篇前四位人物,其实都是汽车设计工程师,而第五位才是汽车造型设计的开山鼻祖。

第1章
现代汽车设计始祖：威廉·迈巴赫

代表作：第一辆"梅赛德斯"，迈巴赫W3型

图1-1-1 威廉·迈巴赫

威廉·迈巴赫（Wilhelm Maybach，图1-1-1）1846年出生在巴登-符腾堡州的海尔布隆。在他8岁和10岁时，母亲和父亲先后离世，从此他成了一名孤儿。后来他被一个慈善机构收养并被送到当地一所学校读书。这所学校的校长发现迈巴赫在机械方面很有天分，就把他送到学校的工厂去实习。迈巴赫19岁时就已是一名发动机设计师，并在一家公司认识了大他12岁的车间经理戈特利布·戴姆勒，从此他的命运开始发生转折。

一

1872年，当戈特利布·戴姆勒被奥托的道依茨发动机公司聘为技术经理时，他就聘任迈巴赫为道依茨的总设计师。此后，迈巴赫一直追随戴姆勒，充当戴姆勒最有力的助手。当戴姆勒离开道依茨公司自主创业时，迈巴赫也随后追随过来，两人一起研制高速发动机。可以说，戴姆勒取得的每个技术进步或发明，都离不开迈巴赫的支持，其实这都是他们两人合作的结果。戴姆勒研制燃油发动机、发明两轮摩托车、将马车改装成四轮汽车，迈巴赫都立下了汗马功劳。

戴姆勒研制成功燃油发动机后，就以生产发动机为主。虽然后来又发明了四轮汽车，但戴姆勒很晚才决定开始生产汽车。1890年11月28日，在两位金融家的投资下，戴姆勒汽车公司成立，迈巴赫任总工程师。

后人将这次公司的成立称为"与魔鬼的协议"，因为戴姆勒和迈巴赫对这份工作都不太满意。他俩原本是要生产汽车的，但两位投资人坚持以发动机生产为主，而且迈巴赫还被排斥在董事会之外。一气之下，迈巴赫在新公司成立仅两个多月后就离开了。他在外面成立了一个研究室，在戈特利布·戴姆勒的秘密资助下继续研制高速发动机。1894年，迈巴赫成功设计出一台四缸发动机，它采用了迈巴赫发明的许多技术，包括整体式铸造的气缸、凸轮轴控制排气门、喷雾式化油器等。

1894年，一位英国实业家投入巨资对戴姆勒公司进行重组，他不仅购买了迈巴赫的四缸发动机的知识产权，而且在1895年请迈巴赫回归戴姆勒公司继续任总工程师。

1898年，迈巴赫对四缸发动机的冷却系统改进后，将它装备在戴姆勒"凤凰"汽车上，以替换原来的双缸发动机。戴姆勒"凤凰"是世界第一辆四缸发动机汽车。新型四缸发动机采用了迈巴赫在1897年12月发明的一项专利技术：蜂巢管散热器。它由许多小管组成，冷却液流过这些小管并被空气冷却，如图1-1-2。与早期的盘管散热器相比，它可以允许更多的空气流过散热器，从而提高冷却效率。今天的汽车仍在采用蜂巢管结构的散热器。

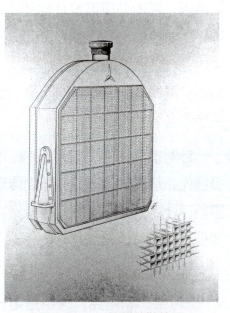

图1-1-2　蜂巢管散热器

二

1900年3月，在法国尼斯举行的汽车爬坡赛中，戴姆勒公司的一位车手驾驶"凤凰"赛车（图1-1-3）在转弯时车翻人亡。戴姆勒公司因此决定暂停参加任何汽车比赛。然而，赛车的主人埃米尔·杰利内克却不认可这种消极态度。杰利内克是一位汽车商，他当时购买了两辆"凤凰"车参赛，出事的车手就是驾驶其中一辆翻车的。

(a)　　　　　　　　　　　　(b)

图1-1-3　戴姆勒HP"凤凰"赛车

杰利内克认为，"凤凰"汽车的高重心、短轴距设计是导致翻车的主要原因。戴姆勒应该设计性能更好的车型参赛。新车型不仅发动机要轻，轴距还要更长，保证重心更低，行驶稳定性更好。为了表明他的诚意，杰利内克一口气订购了36辆汽车，几个星期后又订了另外36辆。这差不多相当于戴姆勒公司一年的产量，但杰利内克要求以他女儿"梅赛德斯"的名字命名。

针对杰利内克的设计要求，迈巴赫开始对"凤凰"汽车进行全面升级换代，从发动机、变速器到传动装置、转向装置、制动装置、车架等都重新设计，新改进的发动机竟然减重90千克，同时加长轴距，加宽轮距，降低车身重心。

1900年12月22日，迈巴赫全新设计的戴姆勒35HP赛车（图1-1-4）交付给杰利内克。这也是第一款"梅赛德斯"汽车。随后在1901年举行的尼斯赛车周上，"梅赛德斯"赛车获得了四个冠军和五个亚军。当

"梅赛德斯"正式上市时,人们看到它的外形后惊呼:汽车还可以这么设计!它的发动机放在车头,而且还用铁皮"包"起来,一改之前后置发动机的马车模式;底盘降低了很多,门槛很低,更方便驾乘人员上下车;方向柱向驾驶员怀中倾斜,更便于操作;四个车轮都一样大小,还都是充气橡胶轮胎,而此前是前轮小后轮大,就像马车那样。这些设计特征正是现代汽车的基本特征。威廉·迈巴赫引领汽车设计从马车模式真正转入现代汽车模式,因此他被誉为现代汽车设计始祖。

1902年,戴姆勒又推出"梅赛德斯"40HP。虽然发动机的外形尺寸保持不变,但气缸的内径和冲程进行了调整,排量提高到6786毫升,输出功率达到40马力。同时迈巴赫又改进了它的换挡操作,使其驾驶更加简单,因此这款车取名为"Simplex"(意为"简单"),见图1-1-5。

然而,戈特利布·戴姆勒去世后,威廉·迈巴赫在公司中的地位随之下降,最后竟被打发到一个"发明家办公室"中做一个闲职。迈巴赫一气之下,于1907年离开戴姆勒汽车公司去自主创业了。

(a)

(b)

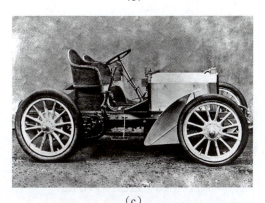

(c)

图1-1-4 戴姆勒35HP赛车

图1-1-5 梅赛德斯Simplex 40HP

三

迈巴赫离开戴姆勒公司后，与儿子一起为齐柏林飞艇公司制造飞艇发动机。第一次世界大战结束后，《凡尔赛和约》禁止德国生产飞艇，迈巴赫只好转而生产船舶和铁路用高速柴油发动机以及汽车用的汽油发动机。

1920年，迈巴赫与荷兰世爵汽车公司签订了1千台6缸发动机的供货合同。然而在交货150台后，世爵汽车公司突然陷入财务危机，再也付不起货款了。这突然的变故弄得迈巴赫措手不及，他决定干脆利用这些剩余的发动机自己制造汽车，而且要制造世界上最豪华、最昂贵的汽车。就这样，迈巴赫重操旧业，开始设计和制造汽车了。

其实，早在1919年，迈巴赫就试制过一款原型车W1型。经过一番改进后，他们很快就在1921年的柏林汽车展上推出迈巴赫W3型（图1-1-6）。这也是第一款批量生产的迈巴赫牌汽车。但它的销售情况不太好，7年只卖出300多辆。1926年，迈巴赫又推出迈巴赫W5型，但依然是叫好不叫座，销售情况惨淡。

图1-1-6　迈巴赫W3型

1929年，迈巴赫推出搭载12缸发动机的迈巴赫12型超级豪华轿车（图1-1-7）。这款车的目标客户与劳斯莱斯、宾利、奔驰770等超级豪华汽车一样，都是面向公司董事和高级政治人物，其售价也与奔驰770相差不多。然而，迈巴赫12型并没有取得预想中的成功。总之，迈巴赫牌汽车并没有做起来。1929年的12月29日，现代汽车设计开创者威廉·迈巴赫去世，享年83岁。

图1-1-7　迈巴赫12型超级豪华轿车

第 2 章
汽车设计绝世泰斗：费迪南德·保时捷

代表作：奔驰 S/SS/SSK 赛车，汽车联盟"银箭"赛车，大众"甲壳虫"原型车

费迪南德·保时捷（Ferdinand Porsche，图 1-2-1）并不是一个纯正的德国人。1875 年，他出生在波希米亚北部一个边境城市马费尔斯道夫，现在是捷克中南部城市布拉迪斯拉发，但当时还属于奥匈帝国，因此他出生时应是奥地利人。1918 年第一次世界大战结束，奥匈帝国战败并被分割，他的出生地成了捷克的一部分，他当时选择了捷克国籍。1934 年，费迪南德·保时捷在德国方面的敦促下放弃了捷克国籍，转而成为德国公民。

图 1-2-1 费迪南德·保时捷

1900 年，费迪南德·保时捷在奥地利时就设计出一款量产的纯电动汽车。1901 年，他又设计出油电混合驱动的四驱电动汽车并批量生产。

1906年,小有名气的保时捷跳槽到奥地利-戴姆勒公司担任技术经理。在这里他设计的"玛佳"汽车在商业上取得了巨大成功。1909年,保时捷设计的"亨利王子"汽车配备5.7升、86马力发动机。这款跑车在赛场上基本没遇到什么对手,因为保时捷采用的斜置气门和顶置凸轮轴设计对于那个时代而言太超前了。1910年,保时捷亲自驾驶"亨利王子"汽车赢得了普林兹-海因里希拉力赛。这项拉力赛每年都有不同的路线,那一年它的路线有1495千米长,费迪南德·保时捷驾车行驶的最高车速达到了140千米/时。

在奥地利-戴姆勒公司期间,保时捷设计的作品很丰富,包括高性能航空发动机、大型牵引机械、电动火车、有轨电车、拖拉机以及使用油电混合驱动系统的其他运输机械。这个时候的保时捷已是奥匈帝国最有才华的汽车设计师和工程师。维也纳理工大学授予他博士学位,这也圆了他儿时的一个梦想。1917年,保时捷晋升为公司总经理。

图1-2-2 "萨沙"小型赛车

1922年,保时捷设计的"萨沙"小型赛车(图1-2-2),配备排量仅为1.1升的4缸发动机,但采用了顶置凸轮轴等先进技术,一年内竟然在51场比赛中获得了43个冠军、8个亚军。

然而,奥地利-戴姆勒公司董事会对保时捷热衷于设计赛车心怀不满。恰巧在1923年春,公司的赛车手在意大利蒙扎赛道因轮胎爆裂而丧命。这起事故成为保时捷与公司决裂的导火索,最后保时捷竟被董事会解聘了。但几个月后,保时捷就收到了来自德国戴姆勒汽车公司的邀请,聘他担任技术经理。

在戴姆勒汽车公司,初来乍到的保时捷感觉这里的企业文化有点排外。德国人知道保时捷的名气,但是他们不能接受他不拘小节、不修边幅的行为。他们认为保时捷不是文化人,斯图加特理工大学甚至拒绝承认保时捷在奥地利获得的博士学位,声称"外国的学历都不被承认"。更过分的是,德国人要保时捷在名片上删去他的博士头衔。然而,9个月后的一场赛车胜利,让德国人彻底改变了对保时捷的看法。

1924年,保时捷到德国后设计的第一个作品推出。这是一款配备2升4缸发动机的赛车,采用顶置凸轮轴、双化油器和机械增压技术,并配备四轮制动系统,见图1-2-3。它参加的第一场赛事是著名的意大利塔尔加·弗洛里奥(Targa Florio)大赛。这是一场条件非常艰苦的比赛,对大多数赛车来说能跑到终点就是胜利。这次保时捷亲自担任车队经理,带队督战,最终获得了大赛总冠军。对于正处于战后复兴时期的德国来说,这个时候赛车场上的一个世界冠军,正是渴望满足自尊心的德国人最期待的。

图1-2-3 保时捷在德国设计的第一辆赛车

保时捷率赛车队从意大利返回时,受到了斯图加特市民的热烈欢迎,就像迎接英雄凯旋一样。有意思的是,斯图加特理工大学不但承认了保时捷的博士学位,还授予了他斯图加特理工大学的博士学位。此后,保时捷又推出直列8缸发动机的赛车,并获得了德国大奖赛的胜利。

但到1926年,保时捷又遇到了麻烦。这一年,戴姆勒公司和奔驰公司这两个竞争对手在经营上都遇到了麻烦,为了抱团取暖而合并了。合并后保时捷发现,奔驰的很多设计理念与戴姆勒不同,奔驰的一些技术和设计都很落后,尤其是奔驰仍在采用蠢笨的侧置气门发动机以及3速变速器。

保时捷将戴姆勒-奔驰公司的4升和6升发动机均改为顶置气门,并

图1-2-4　奔驰S型赛车

(a)

(b)

图1-2-5　奔驰SS型赛车

图1-2-6　奔驰SSK型赛车

据此，在1927年、1928年、1929年先后设计出S型、SS型和SSK型赛车（图1-2-4～图1-2-6）。这几款赛车都配备了直列6缸机械增压发动机，尤其是SSK型赛车，它采用短轴距、低重心设计，使其操控性得到极大提高，横扫欧洲赛场，成为当时汽车运动的代名词。这些赛车和车队在保时捷的亲自带领下，先后拿下了旅行车赛、爱尔兰GP大奖赛、意大利一千英里大赛等诸多冠军。他们甚至在德国GP大奖赛中击溃了强大的布加迪赛车。

保时捷在新组建的戴姆勒-奔驰汽车公司硕果累累，但是与公司董事会的矛盾却与日俱增。保时捷曾向董事会提出设计制造廉价的汽车，但是董事会没人赞同。后来保时捷被派到美国考察，回来后却给他安排了一个顾问的虚职。保时捷心灰意冷，1929年初他离开戴姆勒-奔驰汽车公司，回到奥地利，到斯太尔公司任技术经理。

三

1929年秋天，保时捷为斯太尔设计了一款5座敞篷轿车"奥地利"（Austria），见图1-2-7。这款车采用5.3升直列8缸发动机，顶置气门，每缸两个火花塞，功率100马力，并采用摆动轴式独立后悬挂，带有超速挡的变速器与发动机共用一套润滑系统。这款漂亮的"奥地利"在1929年的巴黎车展上大放异彩。然而不久传来消息，斯太尔

图1-2-7　斯太尔"奥地利"轿车

公司竟然被保时捷的老东家奥地利-戴姆勒公司收购了。这也意味着费迪南德·保时捷又要走人了，此时他已经54岁了。

几次挫折使费迪南德·保时捷明白，要想实现自己的人生梦想，就不能任人摆布，必须自己当老板。于是，他跑到德国斯图加特建立了"保时捷博士设计室"，并在1931年1月1日正式开业。保时捷成功地招募到几位以前的同事，还有他22岁的儿子费利·保时捷，以及女婿安东·皮耶希。保时捷接到的第一份设计订单是为德国漫游者汽车公司设计一款配备6缸发动机的汽车。自主创业的费迪南德·保时捷从此开张了，并在1933年迎来了人生最大的转折。

四

1933年初上台的德国政府推出了两大汽车工程：一是研发高性能赛车；一是制造"大众的汽车"。与奔驰公司同时获得政府资助的"汽车联盟"出资请保时捷设计高性能赛车。

当时所谓的高性能赛车就是大奖赛赛车，相当于现在F1赛车的前身。保时捷为汽车联盟设计的赛车于1934年初问世（图1-2-8）。前轴和后轴非常接近车身两端，前轮几乎与车头齐平，这样可以提高转向的灵敏性；发动机、变速器和传动机构放置在后轴前面，采用后轮驱动，这样传动轴不必再穿过驾驶舱，车手可以在车内坐得更低，赛车重心下降，风阻也随之降低；油箱放在驾驶舱与发动机之间的车身重心位置，这样不管燃油消耗多少，赛车重心位置都不会发生太大变化，从而使车手不必像以往

那样要不停地调整操纵方式；采用V16缸机械增压发动机，功率高达520马力；采用四轮独立悬挂设计，保证极佳的操控性。由于它的车身没有刷漆而呈银灰色，因此被人誉为"银箭"。银箭赛车的性能实在是出人意料，在所参加的64场比赛中获得了32场胜利。

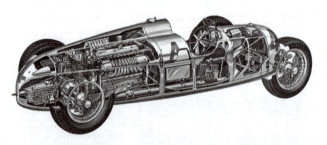

图1-2-8　费迪南德·保时捷为汽车联盟设计的赛车

五

"大众的汽车"项目最后也落到了老保时捷手中。1934年6月，"大众的汽车"设计指标正式下达，要求保时捷在28个月内拿出设计样车，并对车重、成本、油耗等提出了具体要求。

保时捷一直有设计小型、普及型汽车的愿望，并且两年前就已开始普及型汽车的设计。但保时捷很明白，整个德国汽车界都在用妒忌的目光看着他，其中很多人甚至盼望他一败涂地。实际上，设计工作进展得比预期要慢。为控制成本，新轿车必须采用风冷汽油机，而当时的风冷技术还不成熟，一旦环境温度太高，或者长时间连续工作，发动机就会过热，严重时甚至会烧毁活塞。

当看到不可能在规定时间内解决发动机过热这一问题后，他们只好采取临时措施——加大发动机散热窗口的面积，以消除过热现象。由于是后置发动机，又采用了流线型造型，庞大的散热窗口几乎占据了整个车背，无奈之下保时捷只好取消了后风窗，使后方视野成了全盲区。另外，希特勒规定的价格目标和车重目标一时也无法实现。使用便宜的铸铁可降低价格，但会造成车重超标；换用轻巧的铝合金虽然能满足车重的要求，但成本却超出目标。

1936年10月，三辆样车终于按时完成，保时捷将它们交给德国汽车协会测试。经过5万千米的严酷测试，汽车协会给出了详细报告：新车坚固可靠，结构良好，出现的故障都不是设计上的问题，很容易修改；汽油消耗量达到标准；驾驶操纵性能良好。这份报告极大地鼓舞了保时捷和同事们的士气，当然也激发了希特勒的热情。

1937年2月，德国政府组建了德国大众汽车促销公司，着手生产、销售的准备工作。当年晚些时候，保时捷借助奔驰公司的车身厂打造出30辆原型车，称为VW30型（图1-2-9）。这30辆原型车由200名士兵驾驶，进行日夜不间断的超长里程路试，每辆车的行驶距

图1-2-9　VW30型汽车

离都超过了6.2万千米。这款发动机排量不足1升、最大功率仅23.5马力的小车，平均车速达98千米/时，乡间土路上的平均车速也有82千米/时。这一测试结果让整个德国兴奋不已。

不久，保时捷博士设计出新型高效的冷却风扇，车后背上的发动机散热窗口大为缩小，后风窗终于被抢救回来了，可以看到车后路况了。这款带后风窗车型的编号为VW38，官方称为KdF。1938年5月26日，生产KdF汽车的工厂奠基，汽车售价定为990马克。比四年前预定的贵了80马克。然而，这时候又出现了麻烦，捷克太脱拉汽车公司指控保时捷侵犯了其发动机风冷技术专利权。但这起诉讼后来因德国入侵捷克而中断。第二次世界大战结束几年后，太脱拉更是不依不饶地要求德国大众汽车公司赔偿。经谈判最后双方和解，大众公司赔款了事。

KdF汽车在1939年底终于投产，并且计划每年生产80万~100万辆。但后来由于第二次世界大战爆发，大众汽车工厂被迫转产军需品，而

图1-2-10　KdF汽车被改装为水陆两栖车

KdF则被修改成军用指挥车、水陆两栖车等,见图1-2-10。

1944年秋,为了防止盟军的轰炸,老保时捷将设计室从斯图加特迁至奥地利的格蒙德市。

1950年11月,老保时捷曾回到生产KdF的德国狼堡工厂考察,那时工厂已恢复生产,并取名"大众汽车公司",KdF也改名为"甲壳虫",而且每生产一辆"甲壳虫"就要向老保时捷支付一定的设计版权费。

1951年1月30日,一生嗜车如命而又饱尝创业艰辛和牢狱之灾的费迪南德·保时捷,因病去世,终年75岁。

第 3 章
美国豪车设计之父：亨利·利兰

---- 代表作：凯迪拉克51型、53型，林肯L型 ----

美国汽车中有两大豪华品牌：凯迪拉克和林肯，现在分属通用和福特两大汽车集团，但你知道吗，它们都是由亨利·利兰（Henry M.Leland，图1-3-1）一个人创立的，他因此被誉为美国的豪车之父。

亨利·利兰最先创办的是凯迪拉克品牌。这个故事要从亨利·福特说起。亨利·福特第二次创业的公司就叫亨利·福特公司。1902年，在和投资人闹翻后，亨利·福特一气之下离开了亨利·福特公司。投资人一看也办不下去了，就对亨利·福特公司启动破产清算程序。为此，投资人请来制造发动机的利兰公司老板亨利·利兰，帮助评估亨利·福特公司所剩余的资产，算算这些设备等还能值多少钱。亨利·利兰是当时美国汽车行业受人尊敬的人物，由他来做评估会显得更专业和客观。

图1-3-1　亨利·利兰

经过一番评估后，亨利·利兰认为亨利·福特公司的生产设备、技术力量还是挺不错的，把生产设备当破烂卖实在可惜。于是他建议：如果使用利兰公司的发动机配套,立即就能复工复产。投资人一听公司还有救,很是高兴,就中止了破产程序,并请亨利·利兰负责对公司进行重组。

一

1902年8月22日,重组后的汽车公司成立,并取名为凯迪拉克汽车公司("凯迪拉克"是一位法国探险家的名字,也是底特律城的创始人)。亨利·利兰既是新公司的合伙投资人,又是公司的总裁兼技术总监。凯迪拉克汽车公司使用利兰公司提供的发动机、传动部件和转向装置,在亨利·利兰的组织下仅用两个月就完成了新车设计,并迅速在当年10月份制造出第一辆凯迪拉克汽车,后称凯迪拉克A型(图1-3-2)。凯迪拉克M型如图1-3-3所示,凯迪拉克S型如图1-3-4所示。

图1-3-2　凯迪拉克A型车

图1-3-3　凯迪拉克M型车

图1-3-4　凯迪拉克S型车

亨利·利兰相当于是A型车的总设计师,具体设计工作由三位跟随他多年的设计师完成,但亨利·利兰对每个设计细节都很关注,要求精益求精。亨利·利兰曾说:"凯迪拉克汽车不是某个人的设计作品,而是众多发明者、设计师和工程师共同智慧的结晶。"

在1903年1月举行的纽约车展上,凯迪拉克展出的三辆A型车非常受欢迎并全部当场卖出,而且还接到了2286辆的订单。1905年,凯迪拉克公司与利兰公司又合并重组,成立了新的凯迪拉克汽车公司。凯迪拉克汽车从此驶上了辉煌之路。到1906年,凯迪拉克已成为当时美国最大、最完善和装备最好的汽车厂。凯迪拉克汽车的制造质量及工艺精度更是有口皆碑。这与亨利·利兰的过往经历很有关系。

亨利·利兰于1843年出生,毕业于密歇根大学和佛蒙特大学。他最早在一家工厂学习精密加工,后来到一家兵工厂并成为机械师,在工具制造、计量等方面拥有丰富的经验。据说他能够制造公差不超过0.05毫米的零件。

亨利·利兰依靠自身技术优势,在凯迪拉克公司积极推行零件标准化生产,要求同品种零件要制造得一模一样,并能实现完全互换。1908年,凯迪拉克在英国参加了一次零件互换性测试,从刚到货的凯迪拉克汽车中随机选出三辆,全部拆散后再把零件混在一起,然后重新装车并做试验,结果三辆汽车和拆散前完全一样。为此,凯迪拉克汽车获得了英国汽车俱乐部颁发的杜瓦奖(Dewar Trophy)。凯迪拉克汽车也成为高质量豪华汽车品牌的代表。

凯迪拉克汽车的崛起引起了通用汽车创始人威廉·杜兰特的关注,当时他已收购了数家汽车公司。经过一番讨价还价,1909年7月,亨利·利兰以450万美元的价格把凯迪拉克公司卖给了威廉·杜兰特,但亨利·利兰并没有离开,而是继续担任公司总裁。

1910年的冬天,亨利·利兰的一位朋友在帮助一位女士启动一辆凯迪拉克汽车时,被发动机摇把击伤而去世。此事不仅对凯迪拉克汽车的声誉损害很大,而且让亨利·利兰气愤不已,他痛苦地说:"这该死的摇把!我再不能让凯迪拉克以这种方式伤害人。"亨利·利兰组织公司技术人员开会,要求他们尽快研制出一种自动启动装置。终于在1911年由

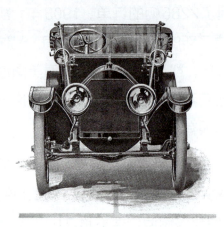

德尔科公司的查尔斯·凯特林研制成功,并率先在1912年款凯迪拉克汽车上装备电动启动器。从此,凯迪拉克汽车不用手摇也能启动了(图1-3-5)。

图1-3-5 凯迪拉克汽车广告:此车不用摇把

1910年代初,为了提高发动机动力,一些汽车厂商开始制造直列6缸发动机,以取代当时流行的直列4缸发动机。然而以制造发动机起家的亨利·利兰却不以为然,他觉得直列6缸发动机太长、太重,而且转速也不高,不如直接研制V形8缸发动机合适。V8发动机的活塞更小,更容易冷却,从而可以设定更大的压缩比,这样就可以提升动力。

当时仅有法国的一家汽车公司制造V8发动机,亨利·利兰让人买回一辆法国汽车进行试验,结果功率太低,冷却系统也有问题,还不能电动启动。亨利·利兰和技术专家们一起,利用以往制造精密机械和发动机的经验,将活塞设计得更精巧,做工更精密,还改进了点火系统,优化了冷却、进气和排气系统,最终设计出一款性能超群的V8发动机。

1914年9月,搭载V8发动机的凯迪拉克51型豪华轿车推出(图1-3-6)。由于做工精良,性能出众,51型一上市就成为美国豪华汽车市场的霸主,年产量竟然高达1.5万辆。

图1-3-6 凯迪拉克51型汽车

两年后，亨利·利兰带领设计团队推出凯迪拉克53型。这款汽车在电气技术方面遥遥领先，它装备电动启动装置，用电灯作为前大灯，还装备了手制动器，并将变速杆设置在前排中间位置，还在地板上设置了三个脚踏板，其中左边是离合器踏板，右边是油门踏板，中间是制动踏板。这种踏板布局方式一直延续到今天。

四

1917年，正值第一次世界大战，亨利·利兰准备响应政府号召生产飞机发动机。他是个积极的爱国主义者，但老板威廉·杜兰特是一个和平主义者，不同意转产军品，两人发生争吵后，亨利·利兰一气之下离开了凯迪拉克汽车公司。

当年，亨利·利兰和儿子一起成立了林肯公司，准备生产飞机发动机。据称，亨利·利兰之所以以亚伯拉罕·林肯的姓氏命名公司，是因为他是林肯的支持者，在总统选举时投过林肯的票。

成立林肯公司的资金来自一份1000万美元的飞机发动机生产合同。公司成立后，亨利·利兰很顺利地开始设计生产V12飞机发动机。但是到了第二年即1918年底，第一次世界大战结束了，飞机发动机不需要了，林肯公司在生产了6500台飞机发动机后，也只能停产了。

突然之间，林肯公司面临着军转民的问题。亨利·利兰曾考虑作为一家发动机厂专为其他汽车品牌制造发动机，但最后他决定自己制造豪华汽车，毕竟他曾是凯迪拉克汽车公司的创始人，生产豪华汽车很有经验。1920年1月，亨利·利兰将林肯公司重组为林肯汽车公司，把跟随他多年的几位设计师和工程师招来，按照凯迪拉克V8豪华汽车的思路，设计一款动力更强、跑得更快的豪华汽车。亨利·利兰曾说：

"一辆理想的汽车应具备六大重要特性：好看、可靠、长寿、有劲、经济和舒适。"

"The ideal car should possess six important virtues: good

appearance, trustworthiness, long life, power, economy and comfort."

他们将原来凯迪拉克的V8发动机进行改进,气缸组夹角由90度调整为60度,从而减小摩擦,运转也更平稳。再将发动机散热器的前脸面罩重新设计。其他设计与原来凯迪拉克汽车并没有太大变化。就这样,他们很快在1920年9月设计出第一辆林肯牌汽车——林肯L型(图1-3-7)。在新车亮相之前,林肯汽车就收到1500辆订单,足见亨利·利兰在当时的影响力和号召力。

(a)

(b)

图1-3-7　林肯L型豪华轿车

五

然而在准备生产过程中,亨利·利兰过于追求完美,再加上零部件供应商交货较晚,导致林肯L型推迟9个月才开始上市。结果正赶上当时经济衰退潮的到来,豪华汽车根本卖不动,倒霉的林肯汽车公司很快又陷入困境,勉强挣扎到1922年2月就彻底破产了。林肯公司的工厂和品牌被迫拍卖,最后竟然被福特汽车公司收购了。

当时林肯汽车公司的评估价是1600万美元,而福特公司只出价500万美元,而且是唯一出价者。这相差也太远了,据传是亨利·福特故意压低报价,以报复亨利·利兰曾经创建凯迪拉克汽车。最后还是在法院的协调下,双方以800万美元的价格成交。

被福特公司收购后,已78岁的亨利·利兰并没有立即离开公司,他继续担任林肯公司的总裁。然而仅仅过了4个月,他就被亨利·福特炒"鱿鱼"了。1922年6月的一个下午,亨利·利兰被人带出了林肯汽车公司,他又一次失去了自己创立的汽车公司。10年后,1932年3月26日,亨利·利兰在底特律去世,享年89岁。

第 4 章
汽车艺术设计巨匠：埃托雷·布加迪

代表作：布加迪18型，布加迪35型，布加迪41型皇家号

埃托雷·布加迪（Ettore Bugatti，图1-4-1）于1881年出生在意大利米兰的一个艺术世家。他的祖父是一位远近闻名的雕塑艺术家。他父亲是享誉国际的银器、珠宝和家具设计师。他的弟弟也是雕塑艺术家。在埃托雷·布加迪出生的第二年，布加迪全家移居法国巴黎。在法国的几年，布加迪受到法兰西文化艺术的熏陶，他爱上了艺术。后来他返回意大利，立即进入米兰艺术学院深造。

图1-4-1　埃托雷·布加迪

1898年，17岁的埃托雷·布加迪进入米兰一家机械公司当学徒。这家公司从事播种机、自行车和机动三轮车的制造。当汽车逐渐兴起时，埃托雷·布加迪迷上了汽车设计，并把艺术与技术自然而然地融合在一起。他在一辆单缸发动机的三轮车上加装了一个发动机，这就是布加迪1型车。这是一项了不起的成就，特别是对于一个只有十七八岁的男孩来说更是如此。

1900年，19岁的埃托雷·布加迪设计了布加迪2型车。此车配3.1升直列4缸发动机，最高车速60千米/时。他把2型车送到米兰交易会上展出，结果好评如潮，并获得了展览会的一个奖项。

1901年，企业家德·迪特里希男爵发现埃托雷·布加迪在汽车设计方面很有才能，就聘请他到自己的工厂当技术总监。当时埃托雷·布加迪年仅20岁。男爵的工厂位于德国阿尔萨斯地区的一个城镇。

从1902年起，男爵的工厂开始制造布加迪2型、3型、4型汽车。在这里，埃托雷·布加迪遇到了埃米尔·马修斯。两人志趣相投，先是成为朋友，后来又发展成为商业伙伴。1904年，他们一起离开了男爵的工厂准备自主创业造车，但两年后两人就分道扬镳了。

埃托雷·布加迪在1907年又投靠到科隆的道依茨公司担任技术总监。道依茨公司开始生产布加迪设计的汽车。其实，埃托雷·布加迪投靠道依茨也是权宜之计，他始终没有放弃自己造车的理想。在为道依茨设计汽车的同时，埃托雷·布加迪还在自己家地下室里偷偷干私活，他要设计一款功能更强大的汽车。两年后的1909年，他终于在地下室完成了布加迪10型的设计，随后就离开道依茨公司，准备自己建厂造车。

1909年，埃托雷·布加迪从科隆回到阿尔萨斯地区，在莫尔斯海姆小镇买下一家倒闭的印染厂，将它改造成专门生产高级轿车和赛车的工厂。不久，第一款批量生产的布加迪汽车正式推出，这就是布加迪13型。1909年被称为布加迪品牌元年。

布加迪13型配备1.4升直列4缸发动机，大约有30马力。对于一辆重300千克的汽车来说，其动力绰绰有余。1911年，布加迪13型参加了在法国举行的勒芒汽车大奖赛。13型的个头看上去比对手小了很多，但最后竟然获得了亚军，震惊了在场的所有人。

20世纪初，虽然布加迪已开始批量生产汽车，但产量极有限，埃托雷·布加迪仍继续为第三方设计汽车。其中他最雄心勃勃的项目是为法国标致设计一款大奖赛汽车。他基于一款曾为道依茨公司设计的车型进行改进。虽然设计完成了，但他最后没有得到设计合同，于是决定以布加迪18型的名义自己生产。此车配备5升排量直列4缸发动机，最大功率100马力，见图1-4-2。据称，布加迪18型是世界第一款可以合法上路的赛车，最高车速达到160千米/时。这个速度在那个时代非常惊人。

图1-4-2　布加迪18型赛车

虽然没能为标致设计成赛车，但在1912年，埃托雷·布加迪为标致汽车公司设计了一款可爱的小汽车：标致贝贝（Bebe）第二代车型（图1-4-3）。这辆车是布加迪设计的销量最高的车型。

图1-4-3　1913年款标致贝贝（Bebe）

正当布加迪的汽车制造业务蓬勃发展的时候，第一次世界大战爆发了。阿尔萨斯地区是战争的中心之一，埃托雷·布加迪只好停止汽车生产，携带家人回到家乡米兰避难，不久又搬到巴黎。在巴黎他也没闲着，在那里着手研发8缸和16缸飞机发动机。

第一次世界大战结束后，埃托雷·布加迪回到了莫尔斯海姆镇。虽然布加迪的工厂完好无损，但整个阿尔萨斯地区已不再是德国领土。德国战败后这个地区又还给了法国，布加迪公司转身成为一家法国工厂，布加迪成了法国品牌。

战后，布加迪工厂很快复工复产，业务逐渐好转。布加迪在战后的第一款成功车型是13S型。在1921年的意大利布雷西亚汽车大奖赛上，布加迪13S型囊括了前四名。这个巨大成就将布加迪汽车推上了发展高峰。

(a)

1924年推出的布加迪35型赛车（图1-4-4），是有史以来世界上最成功的赛车。它在十年中总共获得了1000多场胜利！这辆汽车搭载2升排量直列8缸发动机，采用顶置凸轮轴新技术，以及一套前所未有的独特轴承，使发动机的最高转速达到6000转/分。

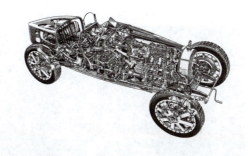

(b)

布加迪35型获胜的最主要原因是埃托雷·布加迪推行的轻量化。他认为赛车的体重不能过重，否则就失去了作为赛车的价值。他竭尽所能为赛车"减肥"，为此他发明了铝制车轮，创造了带有密封端头的空心轴等。

(c)

图1-4-4　布加迪35型赛车

四

　　整个20世纪20年代，布加迪35型的销售一直很火爆，40型大获成功，44型也很畅销。埃托雷·布加迪将赚来的钱投入到扩建工厂、增加产量、开发新车型中。此时顺风顺水的埃托雷·布加迪开始飘飘然了，他要打造梦想中的终极战车，推出超强大、超豪华的汽车，这就是布加迪41型皇家号（Royale），见图1-4-5。据传，曾有一位英国女士评论说

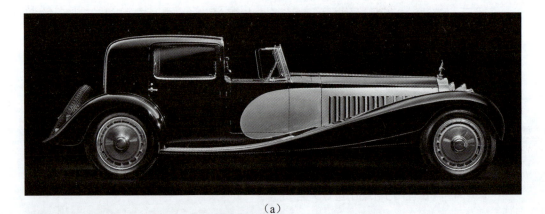

(a)

(b)

(c)　　　　　　　　　　　　(d)

图1-4-5　布加迪41型皇家号

布加迪不如劳斯莱斯豪华，没有劳斯莱斯好。埃托雷·布加迪看到后受了刺激，他要证明给她看。埃托雷·布加迪曾多次说道：

"如果可以比较，那就不是一辆布加迪。"

"If it's comparable, it's not a Bugatti."

布加迪皇家号总长度6.4米，重约3175千克，比现在的劳斯莱斯幻影还要长和重。但在12.8升直列8缸发动机的驱动下，皇家号在1932年竟然跑出205千米/时的惊人速度。

埃托雷·布加迪原本计划制造25辆皇家号，作为卖给欧洲皇室的最豪华汽车。当时皇家号的售价是66万法郎，据称是当时劳斯莱斯顶级车款的3倍。但1929年欧洲遭遇经济大萧条，欧洲皇室也不愿添置超级豪华汽车。结果，皇家号总共制造了6辆，仅卖出去3辆，而且一辆也没有卖给皇室成员。现在6辆皇家号都还在世，其中一辆曾在1987年以550万美元创下汽车拍卖世界纪录，成为汽车"收藏之王"。

五

埃托雷·布加迪有点怪，他的工作方法是从创意到设计，从试验到制造，事无巨细一抓到底。对埃托雷·布加迪来说，创新和设计是一种享受，他太喜欢设计了，甚至在百忙中还设计工厂门窗的铰链、钳工用的钳子，还设计过外科医生手术用具等。

可能天才与普通人就是不同，埃托雷·布加迪与客户的关系也有些古怪。一位布加迪车主抱怨说，他的布加迪汽车在寒冷的早晨很难发动，而埃托雷·布加迪则反驳说："先生，如果你能买得起布加迪35型，那你肯定就能买得起带暖气的车库。"埃托雷·布加迪对另一位抱怨布加迪汽车制动失灵的顾客说："我的车应该是勇往直前，而不是停下来。"这就是一代巨匠的风范，确实有点怪。

埃托雷·布加迪的大儿子让·布加迪才华横溢，他设计的57型SC大西洋号（Atlantic）是有史以来最酷的汽车之一。然而，1939年，让·布加迪在封闭的道路上测试57型赛车时，一个骑自行车的人突然从围栏的一个洞闯了进来。为了避开自行车，让·布加迪驾车撞到了树上，车毁人亡，年仅30岁。

随后就是第二次世界大战爆发。在开战后的几个月内布加迪工厂就被炸毁了。在第二次世界大战期间，埃托雷·布加迪曾计划在巴黎郊区兴建布加迪新工厂，但在1944年他的妻子也去世了。埃托雷·布加迪遭遇连续打击，从此一蹶不振。1947年，埃托雷·布加迪患上了严重肺炎，进入医院两个月后，于1947年8月21日去世，享年65岁。

第5章
车身造型设计宗师：哈利·厄尔

代表作：凯迪拉克"拉萨尔"，别克Y-Job，雪佛兰"克尔维特"

哈利·厄尔（Harley Earl，图1-5-1）是美国最著名的汽车造型设计师。他是美国汽车业第一个造型部门的主管，因此被称为汽车造型设计宗师。他主持设计了世界第一款概念车别克Y-Job，因此被称为概念车之父。他将喷气飞机的一些造型元素引入汽车设计，并深刻影响了美国汽车设计潮流。1950年代的美国汽车业被称为哈利·厄尔时代。

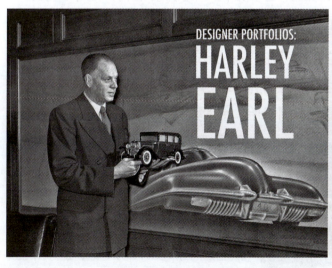
（a）

（b）

图1-5-1 哈利·厄尔

一

哈利·厄尔于1893年出生在美国好莱坞，他的父亲是一位车身制造商，专为好莱坞明星定制个性化的车身。那时候的汽车制造商只制造带动力的底盘，而车身都是由专业车身制造商打造。哈利·厄尔从小耳濡目染，对车身打造也有兴趣。在斯坦福大学上学期间，他也时常到父亲的车身厂帮忙。他因病休学后担任了首席设计师，并开始显露设计才华。后来，父亲的车身厂被一位凯迪拉克经销商买走，专门从事凯迪拉克汽车的车身定制，而哈利·厄尔的首席设计师职位被保留，继续为好莱坞明星设计车身造型。

有一天，凯迪拉克汽车的总经理劳伦斯·费希尔到凯迪拉克经销店巡察调研。他在车身厂遇到了哈利·厄尔，并慧眼识出这位年轻人的设计才华，尤其是利用黏土模型设计车身的方式，给费希尔留下了深刻印象。随后，他邀请哈利·厄尔在1926年到底特律为凯迪拉克设计一款名为"拉萨尔"（La Salle）的车型。哈利·厄尔不负重托，在只有一名木工助手的条件下，仅用三个月就设计并制作出"拉萨尔"的黏土模型。劳伦斯·费希尔对此喜出望外，赶紧请通用老板斯隆一起视察哈利·厄尔的设计成果，结果当场就批准"拉萨尔"投入批量生产。

1927年3月，凯迪拉克拉萨尔闪亮上市。它那圆润的线条、锥形的尾部和修长低矮的车身造型，与当时高高大大的方盒子汽车格格不入，一时间轰动美国车坛。它采用双侧备胎、金属辐条车轮、可折叠座椅、彩色顶篷以及"大汤匙"式前挡泥板、高尔夫球专用箱等，这些设计迅速成为美国汽车的潮流设计（图1-5-2）。拉萨尔成为历史上第一款由造型师设计的大批量生产车型。汽车从此再也不仅仅是冰冷的工业产物，它变得更有美感了。

图1-5-2 凯迪拉克"拉萨尔"汽车

通用公司老板斯隆被拉萨尔的成功设计所鼓舞，1927年，他决定成立一个新部门——艺术与色彩部，负责通用旗下所有品牌车型的造型设计，并邀请哈利·厄尔正式入职通用汽车，担当艺术与色彩部的负责人。而在此之前，美国的汽车大都是由工程师负责设计的，在车身外形上不太讲究，缺乏艺术美感，包括通用在内的汽车制造商甚至根本不生产车身，而是将底盘制造好后送到专业车身厂，在那里再为客户量身打造车身。

通用汽车设立艺术与色彩部的做法彻底改变了汽车行业，汽车制造商自己设计车身造型的做法逐渐流行起来，纷纷组建造型设计部门，从此汽车的外观造型变得与机械构造一样重要。由于哈利·厄尔是美国第一位负责车身设计的部门主管，因此他被誉为美国汽车设计之父。

1937年，艺术与色彩部更名为造型部，哈利·厄尔被提升为公司副总裁兼造型部总监，同时要他负责落实"有计划淘汰"制度，即每年都对车型进行改款，进行一些外观更新设计。这样做的目的是让汽车买主感觉汽车造型一年后就过时，每年都需要换新车。这个"有计划淘汰"的销售策略一直到现在仍是各个车厂的促销利器。现在一些手机频繁换代的做法估计也是受"有计划淘汰"策略的影响。

哈利·厄尔在对车型改款时也是小心翼翼，一方面在造型风格上要与前一年车型保持连续性，同时还要有所更新。哈利·厄尔极力避免极端或激进的设计，他认为那样会导致汽车造型过时速度太快，并可能疏远保守型的客户。哈利·厄尔的这些设计理念在今天仍被认为是汽车设计的基本原则，在当时更是不同寻常的。

然而，哈利·厄尔绝不是一个保守型的设计师。1938年，哈利·厄尔放飞思想，竟然设计并打造出一款只用于展示的汽车：别克Y-Job（图

1-5-3），世界第一辆概念车就此诞生。在当时看来，这是一部梦想之车。它的整体造型扁平而低矮，与此前高高大大的汽车形成鲜明对比；从发动机盖、挡泥板到车尾，都采用连续曲面造型设计；采用嵌入式前大灯、机枪瞄准器式车头立标、垂直瀑布式格栅设计。现在生产的别克汽车前脸上的垂直瀑布式格栅造型，就是源于此车。

（a） （b）

图1-5-3 别克Y-Job概念车

哈利·厄尔首创的概念车设计理念，一直影响着全球汽车设计。它可以起到引领设计风向、展示创意新技术、试探消费反应等作用。超现实的概念车仍是当今车展上的主要看点。

四

哈利·厄尔在进入通用公司之前就开始使用黏土模型设计车身造型。在设计Y-Job时，他引入黏土模型设计技术，将设计从平面的二维图画变成立体的三维形式，极大地简化和加快了设计过程。即使到了今天，黏土模型设计技术仍被大多数汽车设计师采用。

哈利·厄尔喜欢把飞机设计元素纳入汽车设计。洛克希德P-38"闪电"喷气战斗机的尾部设计引起了他的注意。哈利·厄尔曾带领设计团队到底特律附近一个空军基地观察临摹P-38战斗机数个小时。1948年，他在凯迪拉克汽车上第一次采用高尾鳍设计，从此美国汽车的尾部都开始翘了起来，而且尾鳍一年年长大，并在1959年款的凯迪拉克车型（图1-5-4）上达到顶峰。但进入1960年代后，尾鳍设计就渐渐消失了。

 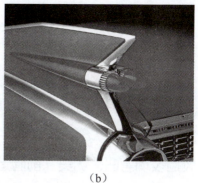

(a) (b)

图 1-5-4　1959 年凯迪拉克汽车尾鳍设计

哈利·厄尔还是电镀装饰的开创者，据称这也是他从 P-38 战斗机的进气口受到的启发。他率先在 1948 年款的凯迪拉克汽车上采用夸张的电镀前保险杠、进气格栅和电镀门把手等，增加视觉活力，显得珠光宝气、豪华富贵。然而，后来同行们采取了"越多越好"的方法，大量使用明亮的电镀装饰，直到汽车看起来俗气不堪为止。

1951 年，哈利·厄尔主导设计的别克 Le Sabre 概念车推出。此车的最前端有一个模仿战斗机的圆形进气口，车尾有翘起的尾鳍，更重要的是有一个类似战斗机座舱的前风挡玻璃设计，玻璃在两端急剧弯曲形成一个漂亮的弧度，见图 1-5-5。从 1954 年起，这种弯曲的风挡玻璃设计就在全世界流行起来。

(a) (b)

图 1-5-5　别克 Le Sabre 概念车

五

在1950年代初,哈利·厄尔看到美国人特别喜欢欧洲进口的跑车,如漂亮的捷豹XK120等,他感觉通用汽车有责任为美国人设计一款自主品牌的跑车,尤其是要为像他儿子那样的年轻人打造一款不那么贵的漂亮跑车。他先与人合作设计了一款两座位的跑车。车身线条简单、流畅。前风挡玻璃弯曲、优美。前脸造型独具个性魅力,水平式格栅配垂直式保险杠很有识别度。哈利·厄尔非常重视汽车前脸设计,他曾说:

"一辆汽车最重要的设计是它的进气格栅,那是它的脸面,甚至代表了整个设计。"

"The most important part of an automobile is the grille, the face of it. That is the whole design right there."

1953年1月,这款漂亮的概念车作为"梦之车"拿出来展览并引起轰动。当时还没有给它取名,但消费者已迫不及待,希望能早点买到手。通用汽车抓紧时机在8个月后就投入生产。上市时给它取名"克尔维特"(Corvette),见图1-5-6。现在此车已发展到第八代。

(a)   (b)

图1-5-6 雪佛兰克尔维特跑车

1959年,哈利·厄尔组织设计团队"大脑风暴"打造出"火鸟"Ⅲ型概念车(图1-5-7)。它不仅采用并列双驾驶舱设计,搭载两台发动机,而且使用操纵杆驾驶,把操纵杆往前推是加速,往后拉是制动,往左拨是左转,往右拨是右转。此车可能是"最像飞机"的汽车设计了,这也是哈利·厄尔退休前的最后一件作品。火鸟概念车如图1-5-8～图1-5-10所示。

图1-5-7　火鸟Ⅲ型概念车

图1-5-8　火鸟Ⅰ型概念车

图1-5-9　火鸟Ⅱ型概念车

图1-5-10　火鸟系列概念车

1959年,影响美国汽车设计三十年的哈利·厄尔光荣退休。1969年,哈利·厄尔因中风而去世,享年75岁。

第 2 篇
从省油小车到豪华轿车
/1941～1970

　　第二次世界大战结束后，欧美各国百废待兴，经济处于恢复期，因此廉价、省油的小型车和微型车更受欢迎。在20世纪50年代诞生的莫里斯"迷你"和菲亚特新500，就是那个时代的经典代表，这两款车的设计师也因此青史留名。到了20世纪60年代，欧洲经济进入快速发展期，各种赛车、跑车、高级轿车开始受追捧，而性感的捷豹D型赛车、漂亮的捷豹E型、豪华的奔驰600，则成为那个时代的经典传奇。

第1章
霸道爵爷设计师：威廉·莱昂斯

代表作：捷豹100，捷豹XK120

图2-1-1　威廉·莱昂斯

威廉·莱昂斯（William Lyons，图2-1-1）于1901年9月4日出生在英国布莱克浦。他的父亲老威廉是一位音乐家，经营着一家乐器商店，出售兼修理钢琴。莱昂斯在很小的时候就对机械产品表现出了兴趣，尤其是自行车，他经常在学校里为其他同学修理自行车，但他真正的兴趣是摩托车及其发动机。

莱昂斯16岁时进入到一个船厂当学徒，因缺乏兴趣又转到曼彻斯特一家汽车厂当学徒。但这里主要生产救护车和军用卡车，莱昂斯仍是兴趣不大，于是就回到了家乡，到一家汽车经销店找到一份工作。在这里莱昂斯学到了更多的汽车知识，了解了汽车的构造，知道了汽车是怎么工作的。他还学会了如何向潜在客户展示和推销汽车。后来这个汽车销售店换领导了，新领导把年仅19岁的莱昂斯给辞退了，原因是他的年龄太小。莱昂斯因此成了失业青年，为打发时间，只好到父亲的钢琴店帮忙，修理钢琴或者帮人调音。

在家的几年里，威廉·莱昂斯也没闲着，他曾倒卖过几辆摩托车，甚至用摩托车参加过一些比赛。就在父母担心他就这么混下去的时候，莱昂斯认识了街对面一家摩托车商店的小老板威廉·沃姆斯利。

威廉·沃姆斯利比威廉·莱昂斯大十岁，我们叫他大威廉。大威廉在几年前为自己设计了一辆侧三轮摩托车，就是我们俗称的挎斗摩托车。他的挎斗采用抛光的铝板，做成尖尖的造型，看起来非常酷，很受年轻摩托车爱好者们的欢迎。大威廉还为他的挎斗摩托车起了个好听的名字"燕牌"（Swallow），每辆卖28英镑。

莱昂斯非常喜欢燕牌挎斗摩托车，就买了一辆自己玩。在后来的交往中莱昂斯发现，燕牌摩托车虽然很受欢迎，但销售情况很一般。于是他就与大威廉商量，如果让他入伙帮助销售，保证销量会大增。然而，大威廉比较佛系，并不想把生意搞得太红火，他更喜欢自然发展的状态，便一口回绝了威廉·莱昂斯的入伙请求。

威廉·莱昂斯灵机一动，就让自己的老爸去找大威廉的老爸，两个老爸一起做大威廉的工作。他们都是街坊邻里，不好不给面子，最后大威廉还是答应了莱昂斯的入伙要求。而且这两个老爸还各担保500英镑，让他们俩从银行贷款1000英镑，重新找个更大更好的店面，一起生产销售挎斗摩托车。一开始他们的店规模很小，只有6名员工，每周只生产一辆挎斗摩托车。大威廉负责生产，莱昂斯负责推广和销售。他们分工协作，订单和产量不断增加，一时间生意很是兴隆。

随着第一次世界大战后经济生活的恢复，人们的消费水平也在提高，英国这时出现了廉价小型汽车，比如奥斯汀7型这种结构简单的汽车，售价只有150英镑，非常受欢迎，这就对摩托车生意造成了极大的竞争压力。威廉·莱昂斯的商业嗅觉非常敏锐,他看到汽车市场上存在一个空白,比奥斯汀7型稍微高端一点的车型在市场上还没见到。于是他就说服大威廉,招贤纳士,扩大生产能力,准备制造燕牌汽车。

最初的燕牌汽车是根据奥斯汀7型设计的,他们保留奥斯汀7型的基本结构,但外观做了较大的改变,使它的外形看起来更漂亮、更高端一些,见图2-1-2,而售价只比奥斯汀多25英镑,最终售价175英镑。1927年5月,燕牌汽车正式对外销售,市场反应极好,销量增长很快,生产又跟不上了,他们只好搬家。1928年,他们将工厂搬到了考文垂,也就是捷豹工厂现在所在地。此后他们的工厂发展稳定,财务状况也很不错,但永不满足的威廉·莱昂斯又有了新想法,他希望设计制造更高档的汽车。

图2-1-2　燕牌汽车

他整合各种技术力量,设计发动机、底盘,打造车身,在1931年10月的伦敦车展上推出一款名为SS 1型的双座敞篷车(图2-1-3)。虽然它的6缸发动机只有16马力,动力稍弱,但外观设计高雅优美,配置豪华,而且售价只有310英镑。俗话说,货卖一张皮,漂亮的SS 1型汽车在1932年上市并很快打开了市场。从此,外观造型优美就成了威廉·莱昂斯的造车理念。

图2-1-3　SS 1型双座敞篷车

取得初步成功后，威廉·莱昂斯想让公司得到进一步的发展，于是他们在1933年注册了新公司：SS汽车有限公司。但是不久大威廉却要离开公司，因为他生性不爱在压力下工作，对扩大业务一直不感兴趣，他更满足于让企业顺其自然地发展。道不同，不相谋，就这样，威廉·莱昂斯成了SS汽车公司的唯一所有者，自任董事长兼总经理。

从此，威廉·莱昂斯对公司的管理更加专制，他很少召开董事会，基本都是一人说了算。从设计、生产到销售，他事无巨细都要自己具体负责。每一款车型都是根据他的意见开始设计和调整细节。他既是精明的企业家，又是天才设计师。据传，威廉·莱昂斯不会画设计图，但他聘请了一批车身模型制作高手。莱昂斯提出一个框架式的想法后，由这些制作高手用铝材制作出车身主要骨架，如纵梁、横梁，然后用木材作为"填充"材料制作成完整的车身骨架模型，再用铝制面板覆盖在骨架模型上。经不断调整、修改，呈现出莱昂斯想要的车身造型。

当车身设计方案确定后，还要将模型表面打磨光滑，喷上油漆，放到室外自然光下用于察看、观赏。如果发现瑕疵，还要做一些细微的调整，直到威廉·莱昂斯满意为止。

等车身外形确定后,再交由工程师进行机械部分的布置设计,如确定轴距、轮距和传动系统的布置等。这个设计方法确实有点原始和笨拙,但设计的车型却是一个比一个漂亮。

威廉·莱昂斯的商业嗅觉一直保持高度敏感状态。1935年初,他发现市场上缺乏一款价格具有竞争力的运动型轿车,而他要用他一贯的设计方式来填补这个缺口,那就是推出一款外观漂亮、个性独特但价格低廉的车型,这就是后来的SS 100型汽车(图2-1-4)。其中"100"是因为这款汽车的最高车速为100英里/时(160千米/时)。

为了便于推广,威廉·莱昂斯将新车命名为"SS 100捷豹"(SS 100 Jaguar),这也是最早使用"捷豹"名字的车型。SS 100捷豹1936年1月正式上市后,市场反响极佳,尤其是它的外观造型最受欢迎:宽大的发动机盖非常低,两边嵌有醒目的前照灯,而两个巨大的前翼子板覆盖着前车轮,并一直向后延伸到车门处;车尾浑圆而精致,使整车充满动感。其实此车就是现在捷豹汽车的雏形,从此奠定了捷豹汽车的造型设计理念。由于SS 100捷豹的外形看起来华贵而售价低廉,因此当时被英国人称为"穷人的宾利"。

(a)

(b)

(c)

图2-1-4　SS 100型汽车

四

第二次世界大战后,莱昂斯将公司名称改为捷豹汽车有限公司。为了快速复工复产,威廉·莱昂斯又组织设计一款极为漂亮的全新轿车,并配备新研发的3.4升直列6缸发动机。为了能赶在1948年伦敦车展上亮相,威廉·莱昂斯组织技术人员临时打造了一款缩小版的双座敞篷车型。

由于当时缺乏钢材,这款临时车型的车身采用铝板制作,但外形依然非常酷,尤其是高高凸起的前翼子板一直延伸到后翼子板,并将后车轮包裹着,极为优雅和性感。在参展前的测试中,它的最高车速达到了120英里/时(约193千米/时),因此莱昂斯就给这款展车取名XK120(图2-1-5)。谁也没想到,这款临时打造的惊艳展车居然引起轰

(a)

(b)

(c)

图2-1-5　捷豹XK120型敞篷车

动，订单纷至沓来。

然而，新车的生产却遇到了问题。当时英国政府对钢材供应进行管控，捷豹公司获得的钢材配额没法满足订单的需求，于是威廉·莱昂斯就频繁向政府求助，争取更多的配额。作为提供更大钢材配额的前提条件，政府要求捷豹必须将80%的产品卖到国外，给国家换取外汇。威廉·莱昂斯为此积极开拓美国市场。当第一批捷豹XK120登陆美国时，美国车迷们从没见过如此漂亮的汽车，他们驾驶捷豹XK120到处炫耀。XK120甚至影响了美国汽车的造型设计，据传美国第一款跑车克尔维特，就是在XK120的影响下推出的。更有赛车爱好者驾驶XK120去参加比赛，不少人还取得了胜利。这也让商业嗅觉敏锐的威廉·莱昂斯有了新想法：捷豹应该打造赛车，利用比赛成绩来促进销售。

五

从1949年8月开始，威廉·莱昂斯亲自带领捷豹汽车参加比赛。所用赛车都是以XK120为基础改装的。开始两年并不顺利，在几场比赛中要么是中途退赛，要么是成绩不好。威廉·莱昂斯没有气馁，而是决定为1951年的勒芒大赛特别打造一款全新赛车。他组织技术人员对3.4升发动机进行改进，并聘请空气动力学专家协助开发车身。

威廉·莱昂斯打造的新赛车名为XK120C型，C是竞争的意思。他亲自带领三辆赛车参加1951年的勒芒24小时耐力大赛。尽管有两辆没能完成比赛，但另一辆XK120C竟然获得了第一名。这也是捷豹获得的第一个勒芒大赛冠军。这个冠军比精心设计的广告要好得多，捷豹汽车销量大增，威廉·莱昂斯又要想办法提高产量了。此后捷豹赛车在勒芒大赛上又四次夺得冠军，其中包括一次三连冠。可以说，20世纪50年代是捷豹汽车的黄金期。

六

然而，正当威廉·莱昂斯顺风顺水的时候，他唯一的儿子约翰·莱昂斯，也是捷豹赛车队的成员，在1955年6月前往法国勒芒参赛的途中，驾车与一辆美国军车相撞而当场死亡。这对威廉·莱昂斯的打击太大了，以致他后来一直没有从这场悲剧中走出来。

1956年，55岁的威廉·莱昂斯被英国女王封为爵士，以表彰他对英国汽车工业作出的杰出贡献。同年，英国女王还到捷豹工厂参观。这些荣誉也算是对威廉·莱昂斯个人不幸的一点安慰吧。

20世纪60年代中期，威廉·莱昂斯到了退休年龄，但他唯一的儿子去世后没人能接替他的职位。1966年，经过多轮商谈后，捷豹公司被英国汽车公司收购，但威廉·莱昂斯仍实际控制捷豹公司的独立运营权。1972年，71岁的威廉·莱昂斯彻底退休回家了。1985年2月8日，威廉·莱昂斯爵士在家中去世，享年83岁。

第 2 章
疯狂小车设计师：但丁·贾科萨

代表作：菲亚特500（"小老鼠"），菲亚特"诺瓦500"，菲亚特128

但丁·贾科萨（Dante Giacosa，图2-2-1）于1905年出生在罗马。1927年从都灵理工大学毕业后，他进入部队服役一年，于1928年加入菲亚特汽车公司。起初他从事军用车辆的研究，后来在航空发动机部门工作。航空发动机部门的主管是特兰奎洛·泽比，他曾是菲亚特大奖赛汽车的设计师，但丁·贾科萨从他那里学到了很多汽车设计的基础知识。

图2-2-1 但丁·贾科萨

1929年，菲亚特公司的联合创始人乔瓦尼·阿涅利给设计师们下达了一项任务，要设计一款售价5000里拉的经济型小车，替代当时意大利盛行的踏板摩托车。但丁·贾科萨接受了这个设计任务，设计项目最初被称为Zero A，但丁·贾科萨负责底盘设计和整车总布置设计。

一

当时可选择的发动机极少，但丁·贾科萨最后选择569毫升排量的侧置气门水冷四缸发动机，最大功率13马力。这个发动机的个头不算小，因此采用前纵置发动机、后轮驱动比较合适。限于售价的硬性要求，车身必须紧凑小巧，轴距也不能太长，又要能容纳两个大人和行李。这对负责总布置的设计师来讲实在是太难了。而但丁·贾科萨还要将车头明显向后倾斜，这样可以减小行驶阻力，同时也更美观漂亮，但这样一来留给发动机和变速器的空间就更小了。但丁·贾科萨面对这个挑战彻夜难眠，最后他竟然巧妙地将发动机的散热器放在发动机后面靠上的位置，于是难题迎刃而解！车身长度被压缩到仅有3米。

1934年，但丁·贾科萨设计的新车型首次亮相，整车比原来计划的重量稍重，但最高车速仍达到90千米/时，百千米综合油耗为5.6升。由于采用了独立的悬挂系统和液压制动系统，这款车的操控能力超过了同时代许多的大型汽车。尤其受人欢迎的设计是它那可敞开的顶篷。它的前脸造型非常吸引人，其身形看起来很像是动画片中可爱的"米老鼠"，意大利人就亲切地称它是"小老鼠"（Topolino），见图2-2-2。据称，"小老鼠"当时是世界上大批量生产的体型最小的四轮汽车。

（a） （b）

图2-2-2 菲亚特500"小老鼠"

1936年，"小老鼠"以菲亚特500名义投入市场时，由于通货膨胀，它的售价也涨到了8500里拉。出人意料的是这款小车仍然非常受欢迎，很有"过街老鼠人人喊好"的意思。从1936年上市到1955年停产，"小老鼠"共卖出去51万辆。

在第二次世界大战期间,"小老鼠"停止生产。1945年战后恢复生产时,由于更严重的通货膨胀,它的售价已上涨到72万里拉。普通意大利人已买不起这款微型小车了。

到1950年代初,婴儿潮改变了意大利人的需求,那时他们有了更多的可支配收入,他们想要的是一辆比"小老鼠"更大、更舒适的家庭车,于是"小老鼠"之父但丁·贾科萨接受任务,动手设计菲亚特600来满足这一需求。但丁·贾科萨将发动机放置在后部,并且采用后轮驱动,这是菲亚特第一款采用后置后驱的汽车,见图2-2-3。它的车身比"小老鼠"要大一些,可以容纳四个成人,动力也更强。尽管1955年上市时菲亚特600的售价是58万里拉,但那时刚兴起的贷款和分期付款买车的策略,使它的销售不错,菲亚特甚至还将它的设计知识产权转卖到其他国家,总产量高达270万辆。

(a) (b)

图2-2-3 菲亚特600

然而,随着经济的复苏,街道上变得繁忙起来,而意大利城区都是狭窄的老街道,行车和停车都不方便,致使"小老鼠"那样的微型汽车又重新流行起来。为了满足人们的需求,但丁·贾科萨又挑起了设计新一代"小老鼠"的重担。

这次他根据菲亚特600的基本架构,仍将发动机放置在车尾,采用后轮驱动,但采用了更小的双缸发动机,排量只有479毫升,功率仅有13马力,最高车速100千米/时。后来他感觉动力有点弱,就将发动机排量增大到499毫升,最大功率提升到18马力,最高车速也提高到110千米/时,而百千米耗油量只有5升。

1957年7月4日,菲亚特"诺瓦500"(Nuova 500)正式亮相。意大利国家电视台对上市仪式进行了现场报道,并对总设计师但丁·贾科萨进行了专访。见图2-2-4,诺瓦500长度仅为2.97米,车重470千克,采用空气冷却,四轮独立悬挂,承载式车身,售价46.5万里拉。

(a)

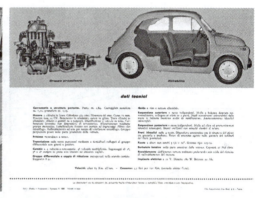

(b)

(c)

(d)

图2-2-4　菲亚特诺瓦500

菲亚特诺瓦500像小精灵一样横空出世,在当时流行微型小车的欧洲深受欢迎,从1957年上市到1975年停产,总产量高达400万辆,成为与德国大众甲壳虫、英国罗孚Mini和法国雪铁龙2CV齐名的四大经典小车。但丁·贾科萨也在1959年获得了享有盛名的"黄金罗盘"大奖。

四

现在打开大多数汽车的发动机盖,你会看到发动机和变速器左右相连横放在那里,通过两根不等长的半轴将动力传向两个前轮。这种布置方式已是前置发动机、前轮驱动汽车的普遍标准布置,它最先就是由但丁·贾科萨在菲亚特128(图2-2-5)上设计的。

(a)

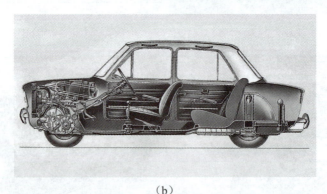

(b)

图2-2-5　菲亚特128轿车

此前英国的Mini微型车虽然也采用前置前驱设计,但它的发动机与变速器共用一个油底壳,维修变速器或发动机时都不方便。而但丁·贾科萨的这种设计不仅维修方便，而且为驾乘舱节省出很大空间。

菲亚特128一经推出，就成为当时设计师们模仿的对象，连乔治亚罗都承认，大众在1970年着手设计高尔夫时，曾将菲亚特128拆开作为设计参考对象。

五

1946年至1970年，但丁·贾科萨担任菲亚特的首席设计工程师，他实际上是菲亚特所有汽车项目的负责人。在那个崇尚个人主义的时代，他是世界上少数几个能决定一家大型汽车公司产量的人之一。他在汽车设计上非常自我和自信，他曾说：

"在构思和设计阶段，我从不认为有必要在会议上与其他人讨论项目。"

"I have never considered it necessary to discuss projects in meetings with a number of other people during the phase of conception and design."

1970年1月29日，但丁·贾科萨从菲亚特首席设计师职位上退休，此后开始致力于撰写各种回忆录。1996年3月31日，他在都灵去世，享年91岁。

第 3 章
意大利设计教父：巴蒂斯塔·宾尼法利纳

代表作：西斯塔利亚202型，纳什"大使"，法拉利250 GT

巴蒂斯塔·宾尼法利纳（Battista Pininfarina，图2-3-1）18岁时就出道了，他的第一个作品是菲亚特零型（Fiat Zero）的进气格栅，见图2-3-2，那可是汽车的脸面。当时他还在他哥哥的汽修厂里工作。他的设计战胜了菲亚特公司自己的设计方案，这激励他从此走上了汽车设计的道路。

图2-3-1 巴蒂斯塔·宾尼法利纳　　　图2-3-2 菲亚特零型

巴蒂斯塔·宾尼法利纳出生于1893年，没受过什么专业教育，11岁起就到哥哥的汽修厂打工，因此他的设计知识都是在实践中学得的，可见他是一位非常有设计天分的人。

1920年，巴蒂斯塔·宾尼法利纳远渡重洋跑到美国去拜见汽车大王亨利·福特。据说福特对这位27岁的年轻人印象深刻，非常欣赏他的设计才华，当场就表示要给他一份工作，但巴蒂斯塔·宾尼法利纳还是选择返回意大利。他感觉在意大利更有用武之地。

回国后的巴蒂斯塔·宾尼法利纳先是在1920年结婚，后在1922年参加了一场汽车比赛。他驾驶自己打造的汽车，竟然创造了最快圈速纪录，而且这个纪录一直保持了11年。

在参加汽车比赛的经历中，他认识了当时意大利赛车圈里的大神级车手文森佐·蓝旗亚，他是蓝旗亚汽车品牌的创始人。在文森佐·蓝旗亚的鼓动下，巴蒂斯塔·宾尼法利纳找到姑妈出资，于1930年离开哥哥的修理厂，在都灵创立了宾尼法利纳设计工作室，实际上就是个小作坊。他一方面为他人设计和定制车身，另一方面利用意大利本土车型的底盘，主要是来自他的朋友文森佐·蓝旗亚提供的底盘以及来自菲亚特和阿尔法·罗密欧的底盘，独立设计和打造车身，完成最后的组装后对公众出售。1931年，宾尼法利纳设计的蓝旗亚Dilambda亮相，其后分别是1933年的阿尔法·罗密欧8C 2300，1936年的蓝旗亚Aprilla（图2-3-3）和Astura（图2-3-4）以及1937年的阿尔法·罗密欧6C 2300（图2-3-5）、8C 2900B（图2-3-6）等。

图2-3-3 蓝旗亚Aprilla

图 2-3-4 蓝旗亚 Astura

图 2-3-5 阿尔法·罗密欧 6C 2300

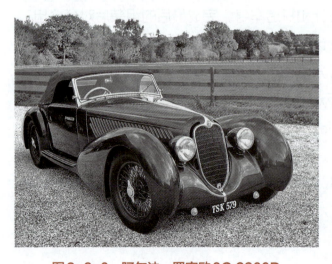

图 2-3-6 阿尔法·罗密欧 8C 2900B

巴蒂斯塔·宾尼法利纳设计和打造的汽车外形很酷，在意大利很受欢迎，最多时每天能有七八辆新车从宾尼法利纳工厂驶出。但在第二次世界大战前，宾尼法利纳工作室还只能算是小打小闹，在国际上还没什么名气。

二

1945年，第二次世界大战刚结束，巴黎车展隆重举行。但意大利作为战败的轴心国成员，其汽车厂商被禁止参展。即使巴蒂斯塔·宾尼法利纳把他们设计的阿尔法·罗密欧6C 2300和蓝旗亚Aprilla弄到了巴黎，但举办方也不让他们进入展馆。没办法，他们只好将两辆车停放在展馆门口。结果，这两辆造型很酷的意大利汽车反而引起观众的更大兴趣，从此宾尼法利纳工作室开始扬名意大利之外。

第二年，宾尼法利纳又跑到美国纽约参展，这次带去的是他们设计的西斯塔利亚（Cistalia）202型跑车（图2-3-7）。这款展车造型优雅，进气格栅为大大的椭圆形，前大灯、前翼子板与车身融为一体，整个车身呈流线型，没有尖锐的棱角，并且车身使用了超前的铝制材料。它的底盘结构由宾尼法利纳亲自操刀设计。尽管由于售价较高，致使西斯塔利亚202型的销售不佳，但它的设计风格深深影响了战后汽车设计趋势，堪称"第一辆现代式跑车"。宾尼法利纳也借此车一举成名。纽约现代艺术博物馆对西斯塔利亚202型的设计非常欣赏，1951年将它列为"当代八大杰出汽车"之一。

在西斯塔利亚202型的盛誉之下，宾尼法利纳得到了美国纳什（NASH）汽车公司的两个订单，并在1952年成功设计出迎合美国消费者口味的纳什"大使"（图2-3-8）和纳什Healey（图2-3-9），其中"大使"的外观造型还获得

图2-3-7　西斯塔利亚202型跑车

图2-3-8　1952年款纳什"大使"

图2-3-9　纳什Healey敞篷跑车

多项设计大奖。自此宾尼法利纳正式打入美国市场。

三

1952年，巴蒂斯塔·宾尼法利纳好运不断，他还迎来了另一个转机：宾尼法利纳与法拉利开始正式合作。据传，当时宾尼法利纳与恩佐·法拉利见面会谈时颇有戏剧性，双方都不愿到对方公司见面，担心因处于客场而吃亏，为此选择了位于两家公司中间的小镇托尔托纳的一家餐馆进行谈判。当时媒体都以为这两个意大利强人的合作不会太久，没想到宾尼法利纳自此源源不断地为法拉利设计一辆辆惊艳的跑车，比如法拉利250 GT Spyder（图2-3-10）、250 GT Berlinetta（图2-3-11）、250 GT、Dino 206 GT等车型。宾尼法利纳俨然是法拉利的御用设计公司，先后为法拉利设计了200多款车型。一直到70年后的今天，两家公司仍然是合作关系。

图2-3-10　法拉利250 GT Spyder

除了设计漂亮的跑车外，宾尼法利纳还喜欢探索空气动力学。1960年，这位意大利人可能是受美式橄榄球的启发设计了一款汽车，名为宾尼法利纳X型。此车前后各有一个独立的车轮，外观造型奇怪，空气阻力系数仅为0.23，如图2-3-12。

(a)　　　　　　　　　　　　　(b)

图2-3-11　法拉利250 GT Berlinetta

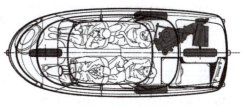

(a)　　　　　　　　　　　　　(b)

图2-3-12　宾尼法利纳X型概念车

四

1961年，宾尼法利纳工作室已是世界闻名的设计公司，巴蒂斯塔·宾尼法利纳把公司交给了他的儿子和女婿负责，自己则投身于电影制作、文化和慈善事业，手痒了偶尔也设计车型。巴蒂斯塔·宾尼法利纳亲自设计的最后一款汽车是阿尔法·罗密欧1600 Sport概念车（图2-3-13）。此车在1966年3月的日内瓦车展上首次亮相后不到一个月，也就是1966年4月3日，一代汽车设计大师巴蒂斯塔·宾尼法利纳去世，享年73岁。

图2-3-13　阿尔法·罗密欧1600 Sport概念车

第 4 章
传奇小车定乾坤：亚历克·伊斯哥尼斯

---------- 代表作：莫里斯Minor，莫里斯Mini ----------

亚历克·伊斯哥尼斯（Alec Issigonis，图2-4-1）于1906年出生在奥斯曼帝国的港口城市士麦那，即现在土耳其的伊兹密尔。17岁时他随母亲到英国伦敦定居。1928年，22岁的伊斯哥尼斯得到了第一份工作，进入一家设计公司设计半自动变速器。1933年，伊斯哥尼斯跳槽到亨伯公司研究和设计汽车悬挂系统。30岁那年，他又跳槽到英国莫里斯（Morris）车厂。在这里，他为莫里斯10型设计了先进的独立前悬挂。但后来第二次世界大战开始了，他的悬挂设计并没有投入实际生产。在战争快结束时，他开始设计一款更先进的小型汽车，也就是莫里斯"迷诺"（Minor），如图2-4-2。此车省油、省车位的特点正好符合战后经济的需要，因此获得了巨大成功。"迷诺"是英国历史上第一款销量超过百万的汽车。该车型从1948年投产，到1972年才停产，竟然生产了24年。

图2-4-1　亚历克·伊斯哥尼斯

（a） （b）

图2-4-2 1948年款莫里斯"迷诺"

1952年，莫里斯和奥斯汀两家公司合并，成立了英国汽车公司（BMC）。而伊斯哥尼斯又跳槽到阿尔维斯（Alvis）汽车公司。他在那里待了两三年，曾从零开始设计一款5座轿车。这款轿车使用一台单顶置凸轮轴全铝V8缸发动机，搭配一台4速变速器，四轮独立悬挂。虽然完成了投产前的各种试验，各项性能指标都很不错，但由于这款车型的制造成本过高，不适合当时的社会需求，最后被放弃投产。这对于一个设计师来说是很大的打击，像是自己养育的孩子突然夭折一样。正当伊斯哥尼斯不知怎么办好时，英国汽车公司的老板邀请他回归。于是伊斯哥尼斯带着两位得力干将，在1956年初回到了英国汽车公司。

回归后伊斯哥尼斯的第一项任务是设计一款前置发动机、后轮驱动的大型轿车。正当一切进展比较顺利的时候，1956年10月爆发了苏伊士运河危机，导致石油供应短缺，油价飙升，比较省油的汽车开始受欢迎，大型轿车不好卖了。欧洲各国街道上出现了各种各样的超微型车，还有不少像老人代步车那样的泡泡车，有三轮的也有四轮的。这些泡泡车采用摩托车发动机，虽然可以省油，但噪声很大，安全性也差。有一天，英国汽车公司老板找到伊斯哥尼斯说:"这些可怕的泡泡车太讨厌了,我们必须设计一种真正的微型汽车,将这些泡泡车从街上赶走。"老板还给伊斯哥尼斯下达了具体设计要求,新车必须比"迷诺"更小、更省油,但车内仍能容纳四个成人。而且由于时间紧,不可能研制一台新型发动机作为动力,只能使用现有的四缸发动机。于是,伊斯哥尼斯只能暂停原来的大型轿车设计项目,从1957年3月开始带领设计团队设计一款微型车。

根据老板的时间要求,他们必须在最短时间内完成绘图、设计、开发、测试和生产准备。其实,设计小型和微型汽车一直是伊斯哥尼斯最喜欢的工作,他觉得这比设计大型车更具有挑战性,更能发挥设计才能。

虽然伊斯哥尼斯是从一张白纸开始设计的,但他只用4个月就完成了基本设计工作。他打破常规,破天荒地将发动机横放在前部,采用前轮驱动,如图2-4-3、图2-4-4所示。那个时候的微型汽车,无论是大众的甲壳虫,还是菲亚特500,都采用后置发动机、后轮驱动。这是因为微型车空间本来就很小,当时的技术还不能将转向机构与发动机、变速器及驱动部件全部放置在一处。

然而,伊斯哥尼斯却巧妙地解决了这一难题,他将发动机和变速器使用同一个油底壳,相当于把发动机和变速器整合成一体,缩小动力系统所占空间,从而可以将发动

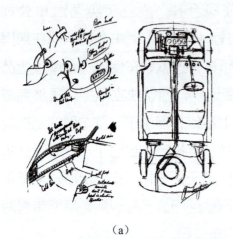

(a)

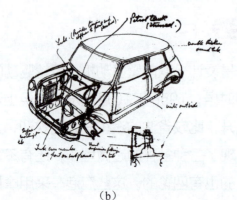

(b)

图2-4-3　Mini设计草图

机、变速器、传动系统与转向机构一起，都放置在汽车前部，如图2-4-5。虽然此前曾有类似的设计，但都是在体型更大的中型车上，在微型车上如此设计却是革命性的。从此，这种巧妙的设计就成为其他微型车模仿的对象。

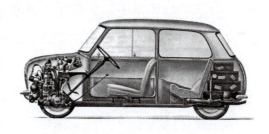

图2-4-4　Mini前置发动机前轮驱动设计

在这款微型车上，伊斯哥尼斯还采用了一种紧凑型的"橡胶锥"悬挂设计，利用橡胶的反作用力达到减振和支撑作用。这种简单的"橡胶锥"悬挂，不仅减少了侵入乘员舱的空间，也不需要维护，而且橡胶的硬度还能随乘员的增加而增大，使悬挂具有一定的可调性。

图2-4-5　Mini的发动机与变速器使用同一个油底壳

为了拥有足够大的空间，伊斯哥尼斯采用"四轮四角"设计，将四个车轮尽量靠近车身的四角，从而使只有3米长、1.4米宽的车身里，足可以放下四张成人座椅（图2-4-6）。他的"四轮四角"设计，直到现在仍是小型和微型轿车的主要设计原则。伊斯哥尼斯曾留下一句设计格言：

"造型就是为过时而设计。"

"Styling is designing for obsolescence."

图2-4-6　Mini采用"四轮四角"设计

这话的意思是无论如何挖空心思设计，造型总有一天会过时。他设计的这款微型车根本就没有造型设计，一切都是为实用服务。比如上面说的"四轮四角"设计概念，就是为了用最简单、最小的车身将四个成人和车身部件合理地安置好，并没有刻意考虑外观如何漂亮和时尚。最主要的设计诉求就是结构安排和性能保证，而不是片面追求造型第一。因此，伊斯哥尼斯的这种"造型为功能服务"的设计理念被称为"无设计"手法。这可能就是汽车设计的最高境界吧。

1957年10月份，伊斯哥尼斯的设计团队打造了两台原型车并开始跑路试。差不多两年后，1959年8月，这款微型车作为莫里斯和罗孚两个品牌旗下的车型正式上市，它的名字也很简单，就叫"迷你"（Mini）。Mini广告海报如图2-4-7所示。

图2-4-7　Mini广告海报

迷你精巧、实用、省油的优点，很快就受到广大用户的肯定，销售量越来越大，成为与大众甲壳虫、雪铁龙2CV、菲亚特500齐名的四大经典微型车之一，并且一直生产到2000年才被新MINI替代。

四

1961年，随着"迷你"的声名鹊起，伊斯哥尼斯被提升为英国汽车公司的技术总监。他后来又设计了三款车型，但都没有获得像"迷你"那样的巨大成功。伊斯哥尼斯后来说，他最大的遗憾是没机会对"迷你"进行改进。他想优化发动机性能让驾驶更轻松，想将橡胶减振改为弹簧减振，还想重新打造副车架以减轻重量。

"迷你"汽车的成功，使伊斯哥尼斯成为世界著名的汽车设计师。1967年，伊斯哥尼斯被选为英国皇家学会会员。1969年，他被英国女王封为爵士。

1988年10月，亚历克·伊斯哥尼斯在家中去世，享年82岁。

第5章
超级酷车设计大师：努乔·博通

代表作：阿尔法·罗密欧 Giulietta Sprint、B.A.T 概念车，菲亚特 850 Spider

努乔·博通（Nuccio Bertone，图2-5-1）于1914年7月在意大利都灵出生。当时他老爸拥有一个修理马车的作坊，但努乔·博通出生后不久第一次世界大战就爆发了，马车修理店只好暂时关门。等战争快结束时，修车店重新开门迎客，但此时马车已逐渐被汽车替代，因此老博通趁势转而修理汽车，并开始为菲亚特、蓝旗亚等整车厂商制造车身。当时汽车厂商主要制造底盘和动力系统，车身和内饰都交由专业的车身厂定制，因此从1921年起，博通的修车店转型为专业车身厂。

图2-5-1　努乔·博通

博通车身厂的第一款作品是为菲亚特Spider SPA 23S打造的车身，而且获得了巨大成功。随后，博通又接到为菲亚特501制造车身的订单。有菲亚特这样的大客户捧场，其他的意大利车厂如蓝旗亚、Itala、Ansaldo等，都开始与博通车身厂展开合作。

一

1934年，20岁的努乔·博通加入老爸的公司。随着对汽车制造业的了解，他逐渐喜欢上了车身设计和制造。第二次世界大战结束后，年轻的努乔·博通开始驾驶自己改装的菲亚特500参加汽车比赛。他总是以个人身份报名参赛，不代表任何车队。据称努乔·博通特别擅长爬山赛。正是在这几年的汽车比赛中，努乔·博通掌握了关于汽车底盘结构和设计的丰富知识，了解到重量分配与结构的关系以及车身空气动力学的相关知识。同时他还结交了意大利汽车圈内的知名人物，为日后的公司运营打下了良好基础。

从1952年起，努乔·博通退出汽车比赛圈，因为他全部接手了老爸的车身厂生意。但这个时候各大汽车厂家都设立了自己的汽车造型设计部门，并且都开始自己制造车身，导致像博通这样的专业车身厂门前冷落，生意萧条。当时有人告诉努乔·博通："专业车身制造这个行业完蛋了，你最好还是另找一份新工作吧。"

当时38岁的努乔·博通很是不服气，不能让老爸的生意就这样结束了。他四处为博通公司寻找机会，认为只要设计制造的车身足够漂亮，就能吸引客户。他从一个经销商那里买来两套英国MG跑车的底盘，然后设计并制作出两个漂亮的车身装上去，一辆是双门硬顶轿车，另一辆是软顶敞篷车。这时恰逢都灵汽车展举办，努乔·博通就租了个小摊位，把这两辆漂亮小车弄过去展览。结果美国商人Arnolt一眼就相中了这两辆小车，当即订购了200辆，并要求挂上Arnolt MG牌子在美国出售，Arnolt MG敞篷车如图2-5-2所示。就这样，博通公司起死回生了。

图2-5-2　Arnolt MG敞篷车

二

有这200辆订单打底后，努乔·博通开始向意大利本土的汽车公司客户推销车身设计和制造业务。他的推销方式一般是先与客户洽谈合作意向，当确认有合作意向后就以客户某个车型底盘为基础，独立设计和打造一辆或数辆概念样车，经客户确认后就可以制造车身或组装成车。由此看来，卓越的车身设计才是博通招揽业务的关键。

1953年，努乔·博通亲自为阿尔法·罗密欧设计了一款漂亮的双门轿跑车Giulietta Sprint（图2-5-3），流线型车身没有复杂的线条，干净利落，优雅时尚。此车获得了阿尔法·罗密欧的认可，但对博通还是不太放心，只同意博通先生产500辆试试。然而谁也没想到，这款车一直生产了10年，总共生产了近4万辆。后来阿尔法·罗密欧Giulietta Sprint竟然成为意大利轿跑车在全世界的代表，也是努乔·博通的成名作。

图2-5-3　阿尔法·罗密欧Giulietta Sprint轿跑车

图2-5-4　菲亚特850 Spider

从那之后，努乔·博通以车身设计为主导的业务蒸蒸日上，在二十世纪五六十年代，他率领团队设计和制造了众多车型，如菲亚特Dino Coupé、菲亚特850 Spider（图2-5-4）、菲亚特8V Spider和玛莎拉蒂3500GT等。

三

努乔·博通曾表示，他对于设计概念车的兴趣高于设计量产车，因此他设计了众多概念车，如阿巴斯1500概念车、阿尔法·罗密欧B.A.T系列概念车。其中B.A.T系列三款概念车分别在1953年、1954年和1955年推出，它们都像是外星人的飞行器，现在看来也非常魔幻。这三款概念车在空气动力学上远超同时代作品，让当时的其他汽车看起来都过时了，如图2-5-5～图2-5-7。

(a)

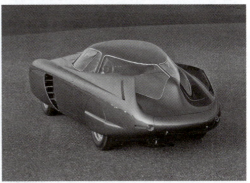
(b)

图2-5-5　阿尔法·罗密欧B.A.T 5概念车

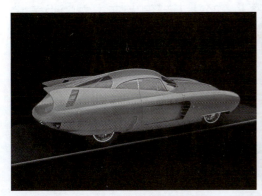

图2-5-6　阿尔法·罗密欧 B.A.T 7概念车

图2-5-7　阿尔法·罗密欧 B.A.T 9概念车

1956年，努乔·博通以菲亚特600的底盘为基础设计了菲亚特Abarth Record概念车（图2-5-8）。此车在意大利蒙扎高速赛道上创下

图2-5-8 菲亚特Abarth Record概念车

了以156.36千米/时的平均速度行驶4000千米、用72小时行驶了10125.56千米等多项世界纪录。

虽然努乔·博通设计的这些概念车并未量产,但为汽车设计趋势指明了方向。努乔·博通曾说:

"汽车是一系列感觉的产物,其中最重要的是由外观造型所产生的惊奇感。"

"The car is the product of a series of senses, the most important of which is the sense of wonder created by the exterior shape."

1966年,努乔·博通的得意弟子马尔切洛·甘迪尼(图2-5-9)操刀设计的兰博基尼米拉(Miura)在日内瓦车展上亮相,其优美、前卫、炫酷的外形让人爱得发狂。它的中置式发动机布局和鲨鱼鼻式前脸设计,成为后来超级跑车的主要设计特征。此后在博通公司又设计了兰博基尼康塔什(Countach)、菲亚特X1/9、蓝旗亚Stratos、阿尔法·罗密欧Carabo概念车(图2-5-10),沃尔沃780和雪铁龙BX、XM(图2-5-11)、ZX等车型。

(a)

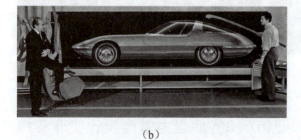

(b)

图2-5-9 马尔切洛·甘迪尼(图中右侧人物)

图2-5-10 阿尔法·罗密欧Carabo概念车

图2-5-11 雪铁龙XM

然而你发现没,在上述众多作品中,竟然没有出现法拉利的名字。努乔·博通曾不无遗憾地说:"法拉利一直和宾尼法利纳一起合作,我从来不想打扰他们。"

四

努乔·博通是世界最早创办独立汽车设计公司的设计师。他通过为各地汽车厂提供车身设计服务而将意大利风格传向世界。努乔·博通培养了乔盖托·乔治亚罗(1959年至1965年期间)、马尔切洛·甘迪尼(1965年至1980年期间)等设计大师,其中乔治亚罗刚到博通公司时年仅21岁,甘迪尼刚去时也不过27岁。努乔·博通对他们两人都非常器重,算是恩宠有加。他们两人在博通期间的每件设计作品,都离不开恩师努乔·博通的支持、指导和认可。

努乔·博通于1997年2月去世,享年82岁。他给世界留下了众多设计杰作和大师辈出的博通公司。然而在他去世17年后,曾经辉煌一时的博通公司破产了。今天,努乔·博通只是汽车历史上的一个名字,很可能永远不会再出现了。

第6章
空气动力学专家：马尔科姆·塞耶

---- **代表作：捷豹C型，捷豹D型，捷豹E型** ----

世界上最漂亮的汽车是哪一款？这个真没有确切答案，但恩佐·法拉利曾称捷豹E型是"有史以来最漂亮的汽车"。当人们看到捷豹E型车后，大多都会同意恩佐·法拉利的看法。这款汽车的外观造型就是由马尔科姆·塞耶（Malcolm Sayer，图2-6-1）设计的。但他不喜欢别人称呼他是汽车造型师或设计师，他坚称自己是空气动力学专家。因为他设计的捷豹跑车和赛车，都是根据空气动力学、曲面几何学等理论，用钢笔、计算尺和对数表手动计算出来的，而不是像造型师那样凭感觉和艺术审美画出来的。

图2-6-1　马尔科姆·塞耶

马尔科姆·塞耶于1916年出生在英国，他的父亲是一位数学和艺术老师。他17岁时获得帝国奖学金并就读于拉夫堡大学的航空和汽车工程系。毕业后正赶上第二次世界大战，他加入英国布里斯托飞机公司工作。1948年，马尔科姆·塞耶到伊拉克巴格达大学任教并负责维护政府车队。虽然这是一次不成功的冒险行为，但他遇到了住在同一个帐篷里的一位德国教授。这位教授帮他认识了曲面几何与函数恒等式的数学关系，为他通过数学计算设计出优美而科学的车身造型打下了基础。

1950年，马尔科姆·塞耶回到英国后，向捷豹汽车公司申请工程师的职位。当时面试他的是捷豹的总设计师海因斯，海因斯对他曾在飞机公司工作的经历和他的空气动力学数学方法很感兴趣。就这样，1951年起，马尔科姆·塞耶开始在捷豹汽车工程设计室工作。

马尔科姆·塞耶是最先将空气动力学应用在汽车设计上的设计师之一，而且他喜欢用数学计算出车身每个部位的曲面和线条。他将汽车造型画在一张与墙一样长的大纸上，使用滑动计算尺和对数表，分别计算并标出各个部位的数据。他这样的目的一方面是为了减小风阻，符合空气动力学；另一方面是为了看着漂亮，符合美学。其实这个设计程序现在已由计算机帮忙完成了，即计算机辅助设计（CAD）。而那时马尔科姆·塞耶是使用德国教授教给他的一套方法，用数学设计图形完成捷豹车身造型设计。

根据他的计算数据设计出原型车后，还要进行空气动力学测试。当时捷豹还没有风洞实验室，马尔科姆·塞耶只好将原型车身上粘满羊毛，原型车在前面跑，他驾车跟在旁边，仔细观察车身上的羊毛如何受到气流的影响。然后根据受影响的情况再做出精准调整。他的"粘羊毛"测试空气动力学特性的土办法，与现在风洞中用烟枪观察车身受气流影响的原理异曲同工。

在捷豹汽车设计总监海因斯的领导下，马尔科姆·塞耶将空气动力学理论应用在车身设计上，1951年起参与捷豹赛车造型设计。他参与设计的第一辆车是捷豹C型赛车（图2-6-2）。这是捷豹首次赢得勒芒24小时耐力大赛的车型。1952年，捷豹推出了D型赛车（图2-6-3）。这款车和C型车一样,虽然使用了相对较小的发动机,然而它的车身造型和曲面是由马尔科姆·塞耶利用空气动力学和数学精确设计的,这使捷豹D型赛车在1955年、1956年和1957年赢得勒芒大赛三连冠。D型赛车在跑道上最快速度可以达到309千米/时!

(a) (b)

图2-6-2 捷豹C型赛车

(a) (b)

图2-6-3 捷豹D型赛车

1961年,马尔科姆·塞耶借助空气动力学和数学计算,设计出漂亮的捷豹E型跑车。捷豹E型是捷豹和马尔科姆·塞耶的巅峰之作,它那长长的发动机盖、嵌入车身的圆形大灯、椭圆形的进气格栅、两侧凸起的前翼子板以及优美的车身曲线、圆滑性感的尾部造型,都堪称汽车美学的经典设计元素(图2-6-4)。捷豹E型在1961年日内瓦车展上亮相时,不仅在性能上超越当时的对手,只用7秒就可以从静止加速到100千米/时,最快能跑到240千米/时,而且它的优美身姿着实让同时代的其他车型相形见绌。即使在今天,它仍被认为是历史上最漂亮的汽车之一。

此车一直持续生产到1974年，总产量7.2万辆。捷豹E型跑车已成为汽车设计历史上的一个标志。永久陈列E型跑车的纽约现代艺术博物馆曾有评论：

"马尔科姆·塞耶将科学和艺术独特地融合在一起，创造出了独特而永恒的造型和美丽。他把科学引入到汽车设计艺术中。"

"Malcolm Sayer uniquely blended science and art to produce timeless shapes of exceptional and enduring beauty. He brought science to the art of car design."

（a）

（b）

（c）

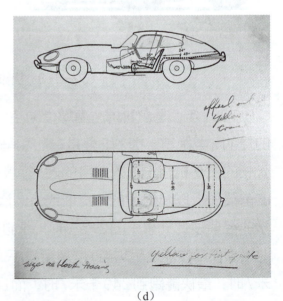

（d）

图2-6-4　捷豹E型敞篷跑车

马尔科姆·塞耶还是个完美主义者,为了减小气流对车身的影响,他竟然将发动机盖上的捷豹徽标镶嵌在1.5毫米深的凹痕内,这样发动机盖上就平整了。

马尔科姆·塞耶行事比较低调,不愿抛头露面,很长时间内人们都不知道他才是捷豹汽车背后的那个造型设计师。

马尔科姆·塞耶1970年因心脏病发作去世,年仅54岁。

现如今,马尔科姆·塞耶根据空气动力学和数学计算设计的捷豹汽车,早已成为收藏家们追逐的宝物。他参与设计的捷豹E型跑车,曾以800万美元的价格成功拍卖,而一辆1955年的捷豹D型赛车,曾以2178万美元拍卖成交。

第 7 章
汽车豪门设计师：保罗·布拉克

代表作：奔驰600、SL级（W113），第一代宝马3系、5系、7系

图2-7-1　保罗·布拉克

你说，如果能为奔驰或宝马设计汽车，是不是特别荣耀的事呀？那如果既为奔驰设计了非常成功的众多车型，也为宝马设计了不少经典名车，那是不是特别厉害！保罗·布拉克（Paul Bracq，图2-7-1）就是这么一位传奇汽车设计师。

保罗·布拉克于1933年出生在法国西南部的酿酒之都波尔多。据传他在两岁时就拿着木头或橡皮泥制作的汽车到处跑。高中毕业后，在父母和朋友的建议下到巴黎学习机械工程。然而他不喜欢学习纯机械的内容，他更喜欢学习艺术和设计，于是他自作主张转学到巴黎另一所艺术与设计学校。这所学校以设计家具而闻名，但保罗·布拉克偏偏对汽车设计更感兴趣。1952年，他以一个1∶12的木雕汽车模型而获得学校一等奖。保罗·布拉克是个十足的汽车爱好者。为了进一步增加自己在汽车设计方面

的知识，他随后又进入一所技术学校进行钣金维修方面的培训。

后来，保罗·布拉克在法国《汽车》杂志上发表了两幅汽车画作，之后他竟然被一家汽车设计工作室聘用。从此保罗·布拉克开始为电影公司制作一些1∶10的模型，还为当时法国的一些汽车公司，如毕加索、帕卡德等做一些小设计。

工作不到两年，保罗·布拉克开始到德国服兵役。由于拥有与汽车相关的工作经历，他被分配到有很多漂亮德国汽车的空军总部车库。在这里，喜欢汽车的他开始收集与汽车相关的海报、设计图纸等。保罗·布拉克对此还不满足，他去拜见当时梅赛德斯－奔驰的设计主管卡尔·威尔弗特。经过一些交流后，卡尔·威尔弗特非常器重他，就提出在他服役期满后雇用他。他是第一个被著名的德国品牌招募的法国人。1957年，保罗·布拉克服役期满，他如愿地成为奔驰公司的一位造型设计师。

从1957年加入，到1967年退出，保罗·布拉克在奔驰公司工作了差不多十年。此间，他一开始只是为汽车模型刷油漆，后来又设计改款车型的尾灯或后车窗。再后来，保罗·布拉克成了奔驰汽车的首席造型设计师。他负责设计的第一款车型就是奔驰SL级敞篷轿跑车（W113），如图2-7-2、图2-7-3。据传，保罗·布拉克在设计SL级时确定了三条设计原则：明亮，舒适和宽敞；尽可能多地使用现有车型的设计元素；必须拥有一个漂亮的车身。保罗·布拉克说："我喜欢车

图2-7-2　梅赛德斯－奔驰230SL（W113）

图2-7-3　梅赛德斯－奔驰280SL（W113）

内空间明亮些,在车里往外看也清楚些,以便更好地与环境交流。"

新款SL级敞篷轿跑车于1963年3月在日内瓦车展上亮相,立即成为展会焦点。由于它的车顶造型让人想起寺庙的塔顶,因此观众送它绰号"宝塔"(Pagoda)。

1965年,保罗·布拉克设计的第四代S级(W108)轿车亮相。在这代S级车型设计上,虽然保留了上一代的"虎头"前脸设计,但保罗·布拉克将当时奔驰汽车正流行的"尾鳍"给削掉了,使得尾部不再那么花哨(图2-7-4)。

图2-7-4 梅赛德斯-奔驰280S(W108)

1968年又推出S级(W109)旗舰车型300 SEL 6.3(图2-7-5)。由于它采用了先进的双卤素前大灯和前雾灯,因此它的前脸上安排了6个大小一样的圆形车灯。虽然表情变复杂了,但识别度极高。

图2-7-5 梅赛德斯-奔驰S级(W109)旗舰车型300 SEL 6.3

三

保罗·布拉克以首席设计师的身份参与奔驰600（W100）的造型设计。奔驰600豪华轿车（图2-7-6）从1964年开始生产，一直持续到1981年，是二十世纪六七十年代世界超级富豪、明星、各国政要座驾的首选，与劳斯莱斯、宾利等成为直接竞争对手。

图2-7-6　梅赛德斯-奔驰600豪华轿车

奔驰600豪华轿车虽然采用了很多高科技，但它的外形设计以沉稳、大气和保守为主要特征。保罗·布拉克认为，奔驰汽车的寿命非常长，它的造型设计要经得起时间和时尚的考验，"它们还必须保证作为二手车时的价值，并能在40年后的经典汽车大奖赛中获奖。"结果，奔驰600竟然生产了20年而没有大改款。

据传，保罗·布拉克的抽屉里装满了梅赛德斯未来的设计草图。他曾想将奔驰汽车经典的进气格栅横向拓宽，但奔驰汽车的设计风格一直以稳重为基本原则，从来不做激进的改变。当时只是一位年轻设计师的保罗·布拉克，他的许多建议几乎得不到管理高层的回应。就这样，在奔驰干了十年后，34岁的保罗·布拉克开始想念他的祖国法国了……

四

(a)

(b)

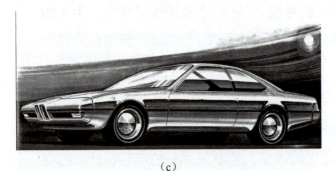

(c)

图2-7-7　宝马Turbo概念车

1967年，保罗·布拉克回到法国后为一家汽车改装公司做设计，包括为宝马汽车做一些特别的造型改装设计。1970年，保罗·布拉克受到宝马汽车的邀请，又来到了德国，到慕尼黑接替威廉·霍夫迈斯特（宝马后车窗设计特征"霍夫迈斯特弯角"就以他的名字命名）担任宝马汽车的设计总监。

1972年，保罗·布拉克的设计团队为慕尼黑奥运会推出了一款宝马Turbo概念车。这款概念车获得了"年度概念车"的称号。它采用鸥翼式车门设计，如图2-7-7，很是引人注目。不幸的是，1973年的石油危机促使宝马公司冻结了雄心勃勃的超级跑车计划，致使宝马Turbo未能量产。但这对保罗·布拉克的影响并不大，因为他在1972年还为宝马设计了第一代5系车型（E12）的外观，如

图2-7-8，并且宝马从此开始采用车系方式划分车型级别，一直到今天仍是如此。

据传，宝马5系是根据宝马2200 ti Garmisch概念车（图2-7-9）设计的。而这款概念车是宝马为了对抗奔驰E级而委托意大利博通设计公司打造的，并且是由设计大师马尔切洛·甘迪尼操刀，因此就认为马尔切洛·甘迪尼是第一代宝马5系的设计师。

其实，甘迪尼设计的概念车具有较强的意大利风格，前脸上的"双肾"还是六边形的。从前脸造型到车身腰线设计，概念车与量产车的区别还是挺明显的。当时保罗·布拉克担任宝马汽车的设计总监，最后的量产车型应是在他的主导下完成最后设计的。因此，将两人都确认为第一代宝马5系的设计者比较合适。

虽然保罗·布拉克1974年离开了宝马，但宝马1975年推出的第一代3系（E21，图2-7-10）、1976年推出的

图2-7-8　第一代宝马5系轿车

图2-7-9　宝马2200 ti Garmisch概念车

图2-7-10　第一代宝马3系

"鲨鱼鼻"第一代6系（E24）轿跑车（图2-7-11），甚至1977年推出的第一代7系（E23）豪华轿车（图2-7-12），它们的外观造型都是由保罗·布拉克设计的，也都是按照保罗·布拉克的既定设计方案完成最后设计的。

（a）　　　　　　　　　　　　　　　（b）

图2-7-11　第一代宝马6系轿车

图2-7-12　第一代宝马7系轿车

图2-7-13～图2-7-15为保罗·布拉克绘制的部分汽车效果图。

图2-7-13　奔驰300SL效果图　　　图2-7-14　宝马320轿跑车效果图

图2-7-15　宝马635CSi效果图

在宝马的四年间,保罗·布拉克作为造型设计总监,成功地将宝马打造成豪华运动汽车品牌,从而避开了与奔驰汽车在豪华轿车市场上的正面竞争。可以说,保罗·布拉克为宝马找到了适合自己的设计语言,并一直影响着今天的宝马汽车设计。

保罗·布拉克在谈到设计理念时说:

"我喜欢流畅的轮廓。优雅、轻松和舒适才是最重要的。对我来说,简单就是优雅。所以我总是追求简单。汽车必须有一副独特的脸面。"

"I like flowing contours. Elegance, lightness and comfort are what counts. For me, simplicity is elegance. So I always looked for simplicity. And cars must have a distinctive face."

　　1974年，保罗·布拉克又回到了法国，开始负责标致汽车的设计，包括标致404、406和505等量产车以及数款概念车。1994年，保罗·布拉克从标致汽车公司退休，转而与儿子一起，开了一家老爷车修复店。

第3篇

从疯狂赛车到超级跑车
/1971～2000

　　进入20世纪70年代，世界经济蓬勃发展。此时一级方程式大赛进入了疯狂时期，速度纪录不断被刷新，赛车新技术层出不穷，尤其是柯林·查普曼率先将空气动力学应用在赛车设计上，至今依然影响巨大。同时，意大利设计师通过设计兰博基尼等超级跑车，将独具魅力的意大利风格向世人展现，并引领那个时代的跑车设计。然而，以德国奔驰为代表的轿车造型设计并不跟风，而是坚持具有明显品牌识别度或家族特征的造型设计语言。

第1章
疯狂赛车设计师：柯林·查普曼

代表作：路特斯49B型赛车，路特斯79型赛车

柯林·查普曼（Colin Chapman，图3-1-1）是一位杰出的设计师、赛车手和企业家。他从女朋友家后院改装一辆二手车开始，一步步走向了F1大赛。1962年到1978年间，柯林·查普曼设计的F1赛车共夺得6个年度车手总冠军、7个年度车队总冠军。

（a）

（b）

图3-1-1　柯林·查普曼

柯林·查普曼于1928年出生于英格兰萨里郡（Surrey），两岁时他的父亲带领全家到了伦敦，因为他要去接管一家铁路旅馆。小查普曼对旅馆门前马路上飞奔的汽车非常感兴趣，他尤其喜欢研究汽车突然减速拐弯的动作。这可能就是他后来成为赛车设计师的最早启蒙吧。

第二次世界大战结束后,柯林·查普曼进入伦敦大学攻读结构工程,他总是骑着一辆摩托车去上学,但在这一年的11月,他的摩托车与一辆出租车相撞,摩托车报废了,幸亏他自己没有出事。为了安全起见,他的父母给他买了一辆莫里斯8型汽车。这款车使查普曼的驾驶技术大幅提升,为他日后创造的那些奇迹打下了坚实的基础。

还是学生时,查普曼就在他女朋友家的后院改装过一辆奥斯汀7型汽车。首先是采用空气动力学概念重新打造车身,加强底盘和悬挂系统。改造成功后,查普曼给这辆车取名"路特斯"(Lotus,原意为"莲花")。据说"路特斯"是查普曼对女友哈兹尔的一个爱称。

1948年这一年,对查普曼来说是不平凡的一年。他不但改造完成了路特斯汽车,从伦敦大学毕业,而且还加入了英国皇家空军,同时还加入了750汽车俱乐部。

从英国皇家空军退役后,查普曼到英国铝业公司做了一名设计工程师。他的工作是研究怎样使用铝替代传统金属来减轻重量。这个研究项目被认为是查普曼后来不断追求汽车轻量化的开端。

750汽车俱乐部主要业务是为奥斯汀7型的狂热车迷们提供服务,比如一起组织汽车比赛。奥斯汀7型车在当时很受欢迎,主要有三大原因:首先它非常便宜;其次它的各个部件都容易改装;最后一个原因是它的性能比较差,但是稍做改装就会有很大提高。总结起来就是,奥斯汀7型的改装潜力巨大,改装难度很低,适合新出道的改装车迷们。

查普曼采用奥斯汀7型车的底盘又特别打造了一辆汽车。他对发动机做了很大的改进,车身重量也减轻了一些,这样在同样的动力下就可以获取更高的加速度。轻量化车身设计也是日后查普曼的两大设计思路之一,另一个是底盘设计与调校。他曾有名言:

"增加动力可以让你在直道上跑得更快,而减轻重量会让你在任何地

方都跑得更快。"

"Adding power allows you to go faster on the straights, while reducing weight allows you to go faster everywhere."

查普曼的这次改装非常成功，以至于750俱乐部的成员纷纷要求查普曼帮他们改装同样的赛车。查普曼一看既然如此，不如把帮忙变成商业，专业为他人打造赛车。于是，他就与人合伙在1952年元旦成立了路特斯工程公司，专业改装赛车。但后来改装的路特斯赛车在参加一场比赛时发生事故，给新成立的公司带来灾难，在支付赔偿金后路特斯工程公司就解散了。

正当查普曼的事业陷入困境之际，查普曼的女朋友哈兹尔拿出25英镑帮助他。于是查普曼于1953年2月又创建了路特斯工程有限公司，继续打造赛车。

当时查普曼还在英国铝业公司上班，他利用下班后的时间竟然一手打造了8辆路特斯赛车。后来，实在是忙不过来了，查普曼就找来了三个兼职的帮手。

路特斯初期主要还是为750汽车俱乐部的成员打造赛车。心怀大志的查普曼决心进军国际市场。然而，1950年代英国政府颁布了消费税。很多人喜欢路特斯赛车，却觉得随车加征的消费税太高而无法购买。幸而查普曼是一位天才设计家，他利用消费税的漏洞推出自助式售车方式。查普曼将发动机、车身、车门、座椅、变速器、车轮及制动系统等，以套件方式装箱，附加详细的组装说明书进行销售。具有汽车机械常识的车主，大约两个工作日就可以自行组装完成一部路特斯赛车。即使完全不懂汽车结构，依照组装说明书，顶多一个星期也可以自己组装完成。

这种自助式汽车不仅可以避税，更能满足车迷DIY（自己动手）造车的需求。车主们满怀成就感地开着路特斯赛车四处炫耀，相当于给路特斯汽车做免费广告了。可惜，后来英国政府进行税务改革，查普曼的自助式销售方式也就不灵了，但是路特斯汽车的品牌和名声，却从英伦三岛传播到欧美各国。

1955年1月，26岁的查普曼辞掉了英国铝业公司的职务，全力投入路特斯汽车的研制。这个时候的查普曼不仅仅是路特斯的首席设计师、工厂老板，还是路特斯车队的队长兼首席车手。由于天生的才智过人，加上后天的勤奋努力，查普曼很快就成为英国赛车界响当当的人物，并成为当时英国范沃尔F1车队的技术顾问，协助他们设计和调校F1赛车的底盘。

1958年7月，查普曼正式开始进军F1赛车，第一辆路特斯F1赛车16型研制成功。但这辆赛车有设计缺陷，存在应力集中问题，车身结构在行驶中可能会突然裂开。16型在欧洲赛场的名声很差，以至于很多赛事的主办者都不愿意路特斯16型参加。正在危急时刻，路特斯18型赛车的出场为查普曼带来了一丝生机。

路特斯18型F1赛车参加了1960年2月的阿根廷F1大奖赛。就在参赛的前夜，查普曼还在调试赛车性能。他甚至不知道这款赛车到底能跑多远。但比赛结果还不错，路特斯18取得了第六名。1960年5月，在摩纳哥大奖赛上，路特斯18型赢得了第一个大奖赛分站冠军，随后又在美国大奖赛上再度夺得冠军。路特斯18型取胜的关键是查普曼采用了更简约的设计。它采用发动机后置，相比发动机前置少了很多传动机械装置，动力损失大大减少。

1961年，F1比赛的规则有所改变，发动机排量从2.5升降到1.5升。动力水平降低后，空气动力学再度成为各个车队研究的重点。这时候路特斯公司推出了路特斯21型F1赛车。但此车设计并不怎么成功，因为它的发动机是仅有150马力的四缸发动机，而此时法拉利赛车已经采用了V6发动机，输出功率可达180马力。即便如此，路特斯车队依然凭借车手的出色发挥，意外地拿到了两个分站冠军。

1962年，查普曼利用新设计的考文垂V8发动机，通过精心设计先后推出了路特斯24型和路特斯25型F1赛车。驾驶路特斯25型赛车的是伟大的车手吉姆·克拉克。从1963年起，克拉克两次获得F1年度车手总冠军，一次获得车手亚军，一次第三名。但克拉克在1968年4月的一次比赛中意外身亡，年仅32岁。克拉克是路特斯车队的首席车手，对路特斯车队影响巨大。同样是在这一年，在著名车手希尔的带领下，路特斯车队依靠性能卓越的赛车，第二次获得F1大赛年度车队总冠军。查普曼在获胜时刻冲进赛场，与车手和机械师们热烈拥抱，将手中的帽子高高抛向空中。

四

20世纪60年代末，国际赛车界开始意识到单纯地提高最快车速并不是取胜之道，如何提高入弯车速和增强轮胎抓地力才是最重要的问题。查普曼很早就意识到这些问题。查普曼1967年曾利用路特斯38型做过试验，他在车尾安装测量升力的仪器，最后测得的升力巨大，令查普曼非常吃惊，这让他不得不重新认识空气动力学对赛车设计的意义。

1968年初，查普曼根据空气动力学设计的路特斯49B型F1赛车出场了，赛车尾部竖起了高高的定风尾翼，见图3-1-2。这是查普曼在空气

(a)

(b)

图3-1-2　路特斯49B型F1赛车

动力学方面的一个勇敢尝试,也是查普曼对F1赛车空气动力学设计的巨大贡献。路特斯49B的后尾翼引起了很大争议,虽然它可以带来很大的抓地力,但是也会导致很大的风阻。

1969年赛季,路特斯对于赛车尾翼的改进达到了疯狂的境地,双层尾翼、三层尾翼轮番登场。查普曼发现了一个规律,尾翼的面积越大,赛车单圈用时就会越少。在巴塞罗那F1大奖赛上,查普曼再度加宽了路特斯赛车的尾翼。然而,这次查普曼做得有点过了,两辆路特斯赛车都在高速奔跑中失去了控制,尾翼变形后脱离车体飞了出去。

为了安全起见,国际汽联不得不痛下决心,禁止F1赛车上出现任何扰流翼板,并从当年的摩洛哥站开始执行。但禁令的颁布招致了所有车队的抗议,国际汽联不得不撤销禁令,但对尾翼的安装有极严格的限制和要求。由于查普曼很早就开始赛车空气动力学的研究,新的限制对他们影响不大,因此路特斯车队在1970年又获得年度车手冠军和年度车队冠军。

1971年,由于尾翼安装的进一步限制,加上轮胎出了问题,路特斯车队一败涂地,竟然一个分站冠军也没拿到。而到了1972年赛季,恢复后的路特斯车队,再度夺得F1年度车队和车手冠军。

五

1975年8月,设计天才查普曼意外获得灵感——如果在车体底部形成负压力,那么就会使赛车产生强大的抓地力。这种想法如果能够实现,那么它要比尾翼对抓地力的提升更大。查普曼请来英国空军的空气动力学专家参与设计。经过数年的努力,查普曼利用他的地面效应理论,设计出了路特斯78型赛车(图3-1-3)。

图3-1-3 路特斯78型F1赛车

路特斯78型可以说是查普曼对于赛车界最大的贡献。赛车的底板被设计成倒置的机翼并贴近地面，车底形成足够的负压，从而产生巨大的下压力，使赛车在转弯时能够安全地保持在路面上。查普曼的地面效应理论和飞机的飞行原理一样，只不过是将机翼产生的升力给倒了过来。

1977年，路特斯78型赛车第一年参加F1大赛就获得了5个分站冠军。一时间，查普曼的地面效应底板被其他赛车队疯狂模仿。

第二年路特斯78型再度升级，路特斯历史上最完美的赛车路特斯79型（图3-1-4）登场。这一年路特斯赛车统治了F1大赛，共取得8站大奖赛冠军，最终夺得年度车手总冠军。

（a）

（b）

图3-1-4　路特斯79型F1赛车

到了1979年，查普曼更加疯狂了，他甚至走向了极端，他要制作完全利用地面效应而不需要尾翼产生下压力的赛车。这款试验品就是路特斯80型（图3-1-5）。由于时间仓促，路特斯80型存在严重的空气动力问题，后来不得已又恢复使用路特斯79型赛车。失去的时间无法弥补，而其他车队对路特斯赛车的模仿都非常成功。没有了独门武器，路特斯赛车一时间陷入了困境。

国际汽联此时对赛车底板的形状进行了严格的限制，从1981年开始提高了F1赛车的最低乘坐高度，就是说底板不能太低，从而禁止了疯狂的地面效应设计。

(a)　　　　　　　　　　　　　　(b)

图3-1-5　路特斯80型F1赛车

路特斯被迫连续改款,但都不成功。虽然路特斯赛车的抓地力仍然是最好的,但是却无法避免过弯时超强的向心加速度以及强烈的振动,而且容易增加车手的疲劳。为了解决这些问题,查普曼在路特斯88型上设计了主副双层底板,分别固定在两套减振系统上。这种设计不但可以利用地面效应,而且比以前的路特斯赛车更平稳,更容易操控。双底板设计也是查普曼在F1赛车上的最后一个创新。

路特斯车队的对手们意识到,如果查普曼的双底板设计取得成功,那么路特斯赛车就又会取得绝对优势。于是他们指责路特斯赛车主底板上的空气动力学部件"裙边",在汽车加速时并不处于悬吊状态,而这在当时的F1技术规则上是不允许的。结果,在1981年赛季,由于对手的抗议,配备双底板的路特斯88型赛车未获准参赛。同时,国际汽联还规定,从1983年开始要求赛车采用平底设计。从此,查普曼的地面效应理论再无用武之地,"莲花"开始凋谢。

最让查普曼闹心的是,1981年路特斯公司只卖出去了345辆路特斯跑车,转年开始遭遇巨额亏损。查普曼此时卖掉了他原先购买的两个船厂,试图全力拯救路特斯。人们期待着查普曼力挽狂澜,只可惜在1982年12月16日,查普曼在家中突然心脏病发作去世,年仅54岁。

第 2 章
世纪汽车设计师：乔盖托·乔治亚罗

代表作：第一代大众高尔夫，德劳瑞恩DMC12，路特斯Esprit

图3-2-1 乔盖托·乔治亚罗

不好说谁是世界上最厉害的汽车设计师，但影响力最大的汽车设计师一定是乔盖托·乔治亚罗（Giorgetto Giugiaro，图3-2-1），他为全球数十家汽车制造商设计了200多款汽车，生产总量超过6000万辆。1999年，他被世界各地的120多名汽车记者评为"世纪汽车设计师"，被认为是20世纪影响力最大的汽车设计师。

一

乔盖托·乔治亚罗于1938年出生在意大利一个艺术世家中，祖父和父亲都是宗教画家，母亲喜爱音乐，他在14岁时很自然地就进入到都灵艺术学院学习。据称他白天上完艺术课，晚上还要学习技术设计。在某个时期，他突然迷上汽车素描和设计。在一次期末学习成果展览上，他创作的几张汽车设计草图引起了菲亚特汽车公司设计总监但丁·贾科萨（见第2篇第2章）的注意。但丁·贾科萨慧眼识珠，看到了乔治亚罗在汽车设计方面的潜力，就聘请他担任菲亚特的初级设计师。当时是1955年，乔治亚罗仅有17岁。

遗憾的是，乔治亚罗在菲亚特这样一个汽车帝国中受到很多传统文化的限制，思想奔放的年轻设计师很难发挥才华，他一直没有设计什么作品，但却变得更加成熟。于是，在菲亚特度过四年的成长期后，乔治亚罗1959年跳槽到博通设计工作室，投身于努乔·博通（见第2篇第5章）门下。

努乔·博通非常器重乔治亚罗，为了能让他不被干扰地工作，甚至专门为他租下一个旅馆房间作为乔治亚罗的专用工作室。乔治亚罗在这里开始展露才华，先后为博通设计了法拉利250GT SWB和阿尔法·罗密欧Giulia Sprint GT。这两款作品不仅为博通公司增光添彩，而且使乔治亚罗扬名天下。此后乔治亚罗在博通公司又操刀设计了阿尔法·罗密欧Canguro（图3-2-2）、玛莎拉蒂5000GT、阿斯顿·马丁DB4 GT以及菲亚特850 Spider、宝马3200CS（图3-2-3）等量产车型，其声誉如日中天。

图3-2-2　阿尔法·罗密欧Canguro概念车

图3-2-3　宝马3200CS

1965年，乔治亚罗在博通公司工作了六年后决定离开，加入博通的对手吉亚（Ghia）设计公司任主管。在这里，乔治亚罗为更多的汽车品牌设计车型，主要有五十铃117、菲亚特850 Vanessa、玛莎拉蒂Ghibli（图3-2-4）和德·托马索"猫鼬"（Mangusta，图3-2-5）等。其中1966年设计的"猫鼬"一改当时流行的柔滑圆润设计，首创棱角分明的折纸造型，标志着汽车设计"折纸时代"的到来。此车堪称年代转折经典之作。

图3-2-4 玛莎拉蒂Ghibli

图3-2-5 德·托马索"猫鼬"

1967年，乔治亚罗又离开吉亚，与他人合伙创办了"意大利设计乔治亚罗"（Italdesign Giugiaro）设计公司。从此，乔治亚罗的设计黄金时代到来了，他的优秀设计作品一个接一个地亮相，如阿尔法·罗密欧Alfasud、大众高尔夫和尚酷、蓝旗亚Delta（图3-2-6）、布加迪EB112（图3-2-7）、萨博9000和斯巴鲁SVX等，其中最著名的作品是1974年设计的第一代高尔夫车型。乔治亚罗在高尔夫上充分展现"折纸造型"设

图3-2-6 蓝旗亚Delta

图3-2-7 布加迪EB112

计手法，车身平整，线条笔直，棱角分明，风格简约，极富力量感和个性魅力，如图3-2-8。他的独特设计也造就了一代名车高尔夫。

（a） （b）

图3-2-8　第一代大众高尔夫轿车

四

尽管名气越来越大，但乔治亚罗一直保持低调。大众汽车曾询问乔治亚罗，是否想在每一辆高尔夫上镶嵌"乔治亚罗设计"的标识，乔治亚罗拒绝了此建议并说：

"当人们购买一辆汽车时，他们才不关心是谁设计的呢。汽车不是艺术品。艺术品需要名望，但汽车不需要。"

"When people buy a car, they don't generally care about who designed it. Cars are not artworks. Art is prestigious, but cars are not."

乔治亚罗还将"折纸造型"应用在此后设计的多款车型上，它们都是棱角分明的经典造型，而且都在市场上获得了巨大成功。如1973年设计的第一代大众帕萨特；1976年设计的路特斯精灵（Esprit），后来还成了电影《007》主角詹姆斯·邦德的座驾；1979年设计的蓝旗亚Delta；1980年设计的菲亚特熊猫（Panda），车身线条更加简约，乔治亚罗将此车形容为"像牛仔裤一样简单、实用、没有褶皱的衣服"；1981年为德劳瑞恩（DeLorean）设计的DMC12跑车，使用不锈钢材料打造车身，极具未来科幻感，曾在电影《回到未来》中被改装成时光机；1983年设计的菲亚特乌诺（Uno）；1984年设计的蓝旗亚Thema等（图3-2-9～图3-2-14）。

图3-2-9　第一代大众帕萨特

图3-2-10　路特斯精灵　　　　图3-2-11　菲亚特熊猫

（a）　　　　　　　　　　　（b）

图3-2-12　德劳瑞恩DMC12跑车

图3-2-13　菲亚特乌诺　　　　　图3-2-14　蓝旗亚Thema

乔治亚罗开创的"折纸造型"设计理念,至少影响了世界汽车设计20年,因此也把二十世纪七十年代称为汽车设计的"折纸时代"。

2010年,乔治亚罗将自己的设计公司卖给了大众汽车集团,从此专为大众汽车旗下的十大品牌提供服务,而乔盖托·乔治亚罗则离开亲手创办的设计公司,成为一位完全自由的设计师。

第 3 章
意大利楔形大师：马尔切洛·甘迪尼

代表作：兰博基尼"米拉"，兰博基尼"康塔什"，蓝旗亚 Stratos

马尔切洛·甘迪尼（Marcello Gandini，图3-3-1）被称为楔形大师，因为他开创性地为兰博基尼树立了楔形超跑形象，帮助兰博基尼成为法拉利跑车的真正对手。

图3-3-1　马尔切洛·甘迪尼

马尔切洛·甘迪尼于1938年8月26日出生在意大利都灵，父亲是一名乐队指挥。甘迪尼从小就对汽车设计和机械充满热情。他高中毕业后就走入社会，以独立设计师的身份从事设计工作。1963年，25岁的甘迪尼准备投身博通设计公司。他带着自己的设计草图让博通老板努乔·博通

（见第2篇第5章）审看，结果受到赞许。然而博通当时的首席设计师是乔治亚罗（见上一章），不知出于什么原因，他却反对雇用甘迪尼。直到1965年，乔治亚罗跳槽到吉亚设计公司后，甘迪尼才加入博通，并在后来接替乔治亚罗成为博通公司的首席设计师。甘迪尼在博通一干就是14年，这也是甘迪尼最闪光的黄金时代。

此后甘迪尼很幸运，他在加入博通后立即得到一份为兰博基尼设计车身的任务。1966年的日内瓦车展上，他的第一件作品亮相，这就是兰博基尼"米拉"（Miura，图3-3-2）。米拉因漂亮的车身而成为日内瓦车展上最耀眼的明星，从此兰博基尼被认为是法拉利的真正对手，甘迪尼更是借助米拉一炮而红。然而，在1996年的一次采访中，乔治亚罗声称："甘迪尼采用了我的设计，米拉70%的设计都是我做的。"这个争议也成为车坛上的一个著名悬案。

（a） （b）

图3-3-2 兰博基尼"米拉"

如果说米拉的设计或许有乔治亚罗的影子，但兰博基尼另一款超跑"康塔什"（Countach），却一举确立了甘迪尼作为汽车设计大师的地位。在1971年日内瓦车展上首次亮相的这款车型是革命性的，楔形车身造型，剪刀式车门，惊艳世界车坛。其中"剪刀门"从此也成为兰博基尼的经典设计特征。康塔什的前脸优雅而锐利，扁平的前风窗玻璃与前盖无缝连接，从前端至车顶，直至发动机盖，形成渐进的曲线，如图3-3-3。从挡泥板到后车门，勾勒出这一全新设计的特点，新颖独到，令人惊喜。

（a）　　　　　　　　　　　（b）

图3-3-3　兰博基尼"康塔什"

据传，本来兰博基尼跑车都是以西班牙斗牛的名字来命名，但费鲁西奥·兰博基尼第一眼看到设计样车时就发出赞叹声"Coon-tash"。这是意大利俚语，意思是"天啊！"，于是该车就破例取名"Countach"。

康塔什也成了兰博基尼跑车设计的分水岭，从此兰博基尼以楔形为主要设计特征，在强大动力的助威下开始与法拉利争夺超级跑车市场。甘迪尼也因此成为楔形设计的鼻祖，被誉为意大利楔形大师。

二

甘迪尼在博通期间的另一件经典作品是蓝旗亚Stratos。老板努乔·博通希望为蓝旗亚设计一款革命性的新车。为了确保达成最后合作，他决定基于蓝旗亚Fulvia的底盘设计，并将设计任务交给甘迪尼。甘迪尼先是设计了一款蓝旗亚Stratos Zero概念车。此车是极端的楔形设计，从侧面看就是一个大木楔，而且车身极为低矮，没有侧门，要想进入此车，必须掀开前风挡从车头跳进去，如图3-3-4。这款像是外星飞船的概念车，虽然可以驾驶但明显不实用，太概念化了，因此一亮相就引起非议。但努乔·博通对此设计很满意。据传，与蓝旗亚多次沟通并历经一年多后，仍不能敲定合作意向，努乔·博通情急之下就驾驶蓝旗亚Stratos概念车，径直前往蓝旗亚总部商谈。但在蓝旗亚总部大门口他被保安拦了下来，拒绝他开车进入。努乔·博通就开着这辆只有大腿高的概念车，从齐腰高的栏杆下直接钻过并扬长而去。当时在场围观的蓝旗亚工人们，对此惊人举动竟然报以热烈掌声，而努乔·博通准时参加会议并最终拿到了合作合同。

图3-3-4　蓝旗亚Stratos Zero概念车

就这样，博通与蓝旗亚商定，根据蓝旗亚Stratos概念车的设计理念，由博通公司设计一款拉力赛车。当然这个设计任务仍要甘迪尼来完成。这次甘迪尼不仅负责车身造型设计，而且还参与底盘结构、车身骨架和整车布置设计。蓝旗亚Stratos拉力赛车（图3-3-5）在1973年推出，但它只有部分车身线条与设计取自Stratos概念车。此车外观凶猛，车身紧凑，轴距很短，动力强劲，后来竟然四次赢得世界拉力赛总冠军。

图3-3-5　蓝旗亚Stratos拉力赛车

三

1980年，甘迪尼离开博通设计公司成为自由设计师。此后他更是佳作不断，如兰博基尼Diablo（图3-3-6）等。

图3-3-6　兰博基尼Diablo

在兰博基尼的康塔什投产十年后，人们对其楔形棱角造型开始出现审美疲劳，兰博基尼急需开发接班车型。这个设计任务最后仍交由甘迪尼，因为甘迪尼俨然是兰博基尼跑车的形象代言。1988年，甘迪尼完成了新车型的设计。然而此时兰博基尼公司被美国克莱斯勒公司买去，上马新车型当然要经过新东家的批准。甘迪尼自信满满地将设计图纸送给克莱斯勒审核，没想到从未生产过超级跑车的克莱斯勒竟然认为甘迪尼的设计已不合时宜，略显落后。

克莱斯勒的设计师认为，楔形没问题，但棱角设计已过时，必须对甘迪尼的设计进行"整容"，甚至要大刀阔斧地修改。这让楔形大师甘迪尼在情感上接受不了，一气之下就将原设计卖给了意大利Cizeta跑车厂。

克莱斯勒对甘迪尼的原型设计修改后，成功地推出了兰博基尼Diablo超级跑车。虽然它仍然保持楔形车身造型，但锐利的棱角都变成了弧形的圆角，更显时尚美观，并成为兰博基尼最经典的超跑之一。而根据甘迪尼的原版设计打造的超级跑车Cizeta V16T（图3-3-7），就显得有点老气了。

图3-3-7　意大利Cizeta V16T超级跑车

更让人想不到的是，甘迪尼的设计竟然第二次被"整容"。

意大利商人罗玛诺·阿蒂奥利在1987年收购布加迪品牌后，开始在意大利建厂并请甘迪尼负责设计新款布加迪。甘迪尼在1989年就完成设计并开始样车测试，当然仍是典型的楔形设计。然而，老板阿蒂奥利对甘迪尼的设计并不满意，他认为棱角分明的设计风格过于激进，他希望甘迪尼对外观设计进行一些修改和调整。但是，倔强的甘迪尼仍然像设计兰博基尼Diablo时那样，坚持不做任何修改，并且表示，若不喜欢就另请高明。

无奈，阿蒂奥利只好请另一位意大利设计师詹保罗·贝尼迪尼，对甘迪尼的原型设计进行"整容"，将原来棱角分明的设计风格进行弱化，但楔形车身、剪刀门和大面积风挡玻璃等关键设计都被保留下来。这就是后来的布加迪EB110超级跑车（图3-3-8）。

图3-3-8　布加迪EB110超级跑车

毫无疑问，楔形是甘迪尼最典型的设计风格。他是最有想象力的楔形设计大师。但他在一次采访中却说：

"我的设计兴趣集中在汽车的结构、构造、装配和布置上，而不是外观。"

"My design interests are focused on vehicle architecture, construction, assembly, and mechanisms – not appearance."

马尔切洛·甘迪尼共设计了大约50款车型，包括生产了230多万辆的雪铁龙BX，以及法拉利-迪诺GT4、法拉利308 GT Rainbow、菲亚特132和X 1/9、阿尔法·罗密欧Carabo概念车（图3-3-9）、捷豹3.8 FT、奥迪50、沃尔沃264 TE和玛莎拉蒂Chubasco等。

图3-3-9　阿尔法·罗密欧Carabo概念车

第 4 章

奔驰就要像奔驰：布鲁诺·萨科

代表作：奔驰C111概念车，奔驰S级（W126、W140、W220），奔驰SLK级

除了自己是老板外，很少有设计师毕生只在一家汽车公司从事设计工作，意大利人布鲁诺·萨科（Bruno Sacco，图3-4-1）算是一位。他从1958年进入奔驰汽车公司，一直到1999年退休的41年间，他一直在设计奔驰汽车，其中有25年是以奔驰汽车设计总监的身份在掌控奔驰汽车的设计走向。可想而知，布鲁诺·萨科对奔驰汽车在设计方面的影响可谓是空前的，估计也是绝后的。

(a)

(b)

(c)

(d)

图3-4-1 布鲁诺·萨科

布鲁诺·萨科1933年11月12日出生于意大利的乌迪内。据他自己说，他在1951年骑自行车时，看到一辆漂亮的斯图贝克（Studebaker）牌汽车从他身旁驶过，从此他开始喜欢上了汽车的造型，他知道他的人生方向已经决定，那就是要从事汽车设计。他在意大利都灵理工大学学习机械工程毕业后，曾到著名的吉亚和宾尼法利纳两个设计室实习，试图在那里工作，从事自己梦想的事业。然而，他的努力失败了。

　　1958年，不满25岁的布鲁诺·萨科跑到德国奔驰汽车公司想试试运气，居然被录用了。他原本也只是想工作一段时间还是回意大利去，毕竟意大利是艺术和设计的天堂，那里的汽车设计工作室更多更有名。然而，第二年他遇到了柏林女孩安玛丽·伊贝并结婚，转年还生了个女儿，这下就无法离开德国了，从此他一直在奔驰工作到退休。

二

　　在奔驰的最初十多年里，他只是一位汽车造型师，参与设计了奔驰600（W100）轿车、奔驰230SL（W113）跑车等，并在1970年设计了第2代C111概念车（图3-4-2）。1975年，布鲁诺·萨科接任梅赛德斯-奔驰设计开发中心总监。在那里，除了开发当时的项目，他还为未

图3-4-2　梅赛德斯-奔驰第2代C111概念车

来几十年的设计未雨绸缪。1978年,他率领团队推出第3代C111概念车(图3-4-3)。出乎意料的是,这款柴油动力的概念车竟然打破了9项速度纪录。它的造型设计中很好地应用了空气动力学,空气阻力系数仅为0.191。它那精确的边缘设计和干净利落的车身线条独树一帜,极大地影响了布鲁诺·萨科后来对梅赛德斯-奔驰190E的设计。

布鲁诺·萨科在担任奔驰汽车设计总监期间,可以说是负责每一款车型的设计,他主导设计的车型有第六、七、八代S级,第五、六代E级,第一、二代C级,两代SL级,第一代SLK级和第一代M级,等等。其中,他最满意的设计是1982年推出的奔驰190E轿车(W201),如图3-4-4。而他最不满意的是1991年亮相的第七代S级(W140)轿车,如图3-4-5,他认为这款车"高了4英寸"。

图3-4-3　梅赛德斯-奔驰第3代C111概念车

(a)

(b)

(c)

图3-4-4　梅赛德斯-奔驰190E(W201)

汽车设计的故事

图3-4-5　第七代梅赛德斯-奔驰S级（W140）轿车

（a）

（b）

（c）

图3-4-6　梅赛德斯-奔驰家族脸谱设计风格

三

为什么布鲁诺·萨科能掌控奔驰汽车设计风格25年？因为他有一套设计哲学，一直被奉为奔驰汽车的设计原则。在布鲁诺·萨科之前，奔驰遵循的设计原则是公司联合创始人戈特利布·戴姆勒的造车哲学"只有最好"（Nothing but the best）。其实这个原则不好具体遵循。而布鲁诺·萨科为奔驰汽车制定的设计原则非常具体，主要有两大原则：

一是"水平同质性"，是指同一时期不同车型之间应该有强烈的视觉联系。布鲁诺·萨科喜欢在进气格栅、前大灯和尾灯的设计中，使用奔驰家族元素来表现"水平同质性"。尽管轿车、双门轿跑车和跑车在细节上有很大区别，但仍在第一眼就能看出它们的相似之处。

二是"垂直亲和性"，是指在新一代车型推出后，上一代车型不能明显过时，如图3-4-6。这个设计原则对奔驰来说特别重要，因为奔驰汽车以寿命长著称，其典型的生命周期为20至30年。布鲁诺·萨科认为开发一款车型需要3

到5年，平均生产周期为8年，使用寿命约为20年，所以梅赛德斯－奔驰的设计要能保持30年不落伍。由于汽车的造型是在30年循环周期的第二年就要决定下来，因此布鲁诺·萨科要求他的设计师们试着提前30年思考。

布鲁诺·萨科曾用一句话来概括他的设计理念：

"奔驰必须永远看起来像是一辆奔驰。"

"A Mercedes-Benz must always look like a Mercedes-Benz."

他曾说，当一辆奔驰跟在你后面时，你从后视镜中应能一眼认出它是奔驰。今天的每个孩子都能认出眼前的一辆奔驰，这要归功于布鲁诺·萨科所提倡并一直坚持的设计哲学。

四

看了上面介绍，可别认为布鲁诺·萨科是个保守派设计师，他的设计偶尔也会超出你的想象。从1993年开始，布鲁诺·萨科的设计哲学开始出现一些调整，他更加注重品牌形象的创新，而不仅仅是传承。1995年推出的E级（W210）轿车（图3-4-7）采用的"四眼"设计，就让人眼前一亮。四个椭圆形前大灯、肌肉造型式前轮拱以及经典的进气格栅，与

图3-4-7　梅赛德斯－奔驰E级（W120）

发动机盖和谐地融为一体，使它的前脸设计极具识别度。这种出人意料的大胆设计让人震惊的同时又不免为奔驰品牌担心，但随后市场上的表现却有力地支持了布鲁诺·萨科的设计变革，之后奔驰将类似设计用于CLK级、S级和CL级等其他车型上。

1991年底，布鲁诺·萨科率领团队开始设计一款硬顶敞篷跑车SLK级（图3-4-8）。这可能是布鲁诺·萨科负责的最大创新设计了。他们最终在1993年初完成样车设计并得到了董事会的批准。此前敞篷汽车都是软顶的，那么SLK当是世界第一款硬顶敞篷跑车，因此他们在1993年9月30日获得了德国设计专利。这款SLK不仅从经典车型SL和传奇车型300SL上继承了漂亮动感的造型，而且它那可折叠式硬顶已成为现代跑车设计的新标准，在1996年推出后同行竞相模仿，以至于现在软顶敞篷跑车基本消失了。

（a） （b）

图3-4-8 梅赛德斯-奔驰SLK级硬顶敞篷跑车

五

1997年推出的第八代S级（W220）轿车，是布鲁诺·萨科的告别作。前保险杠、进气格栅、前大灯和前轮拱高度整合成一体，而且进气格栅、前风挡玻璃和后风窗都比前代车型更加倾斜，使轿车呈现更动感的设计。发动机盖前端两侧的肌肉造型，更增添了S级的运动气质，如图

3-4-9。S级轿车已经从一个成功的车型转化为豪华高端市场的潮流引领者。布鲁诺·萨科已将奔驰品牌塑造成了一个优雅、自信、训练有素的运动员。

（a）　　　　　　　　　　　　　（b）

图3-4-9　第八代梅赛德斯－奔驰S级（W220）轿车

从20世纪80年代开始，梅赛德斯－奔驰坚守布鲁诺·萨科的设计哲学。没有任何一个汽车品牌能像奔驰这样，在创新设计和品牌传统之间走得如此稳健、专业和有信心。

1999年，布鲁诺·萨科从奔驰退休。他的继任者带领奔驰汽车驶入21世纪，开始向车型设计多样化发展。

第 4 篇

从全球化到
电动化挑战
/2001~2020

　　进入 21 世纪后,汽车设计面临全球化的巨大挑战,一款车型要想卖到世界各地,就必须满足不同国家地区买主的消费需求,而他们对汽车设计的审美往往千差万别,而且还不断变化。尤其是电动汽车越来越流行,与燃油汽车相比电动汽车在设计上有很大的不同,需要设计师们不断探索。因此,要设计一款行销全球的电动汽车,那更是难上加难了。

第1章
冬天里的一把火：克里斯·班格

代表作：第四代宝马7系，第一代宝马Z4，第五代宝马5系

无论你认为他是天才还是疯子，或者两者兼而有之，不可否认的是，克里斯·班格（Chris Bangle，图4-1-1）是当代最具争议的设计总监之一，也是近30年来最有影响力的汽车设计师。他带领宝马甚至整个汽车界进入21世纪新时代。现在你在马路上看到的浑身布满立体感线条、充满活跃、年轻和大胆前卫精神的汽车造型，或许都源于克里斯·班格对宝马汽车设计的一场"革命"。

图4-1-1　克里斯·班格

克里斯·班格于1992年就任宝马设计总监，但他在开始的几年内都没展露出什么发动革命的精神，甚至在1997年推出第四代宝马3系（E46，图4-1-2）时，因太过保守而被人嘲讽。直到2001年推出革命性的新7系（E65），也就是第四代宝马7系（图4-1-3），人们才终于认识到，克里斯·班格原来是一位改革派设计师。

图4-1-2　第四代宝马3系（E46）轿车

图4-1-3　第四代宝马7系轿车

第四代宝马7系的革命性表现在两大方面：一是开天辟地地在汽车上增加了一个操作极其复杂的iDrive人机交互系统，它的使用说明书就有一寸厚，要想通过它调节一下空调就要进行多次操作；二是翻天覆地的外观造型设计，竟然赋予这款高端商务轿车以运动、年轻、前卫和张扬的元素，尤其是它那奇怪的尾部，如图4-1-4，有一个突出式的设计，显得臃肿，让宝马的车迷们无法忍受，就给它起了一个讽刺的名字"班格屁股"（Bangle-Butt）。而今天，如果认为哪款汽车的尾部设计过于复杂，就可以说像是"班格屁股"。

(a)

(b)

图4-1-4　第四代宝马7系的尾部设计

宝马品牌用户的忠诚度一直都很高，针对克里斯·班格对宝马造型设计的"革命"，竟然有1万多名宝马用户集体签名要求解雇克里斯·班格。然而，宝马董事会并没有解雇克里斯·班格，因为第四代宝马7系的销量在强烈的争议和反对声中不断攀升，并帮助宝马在2004年创下有史以来最高的净利润。事后克里斯·班格接受采访时说：

"**每当你走在前面，就会有一些人落在后面。**"

"Whenever you move ahead, you leave some people behind."

克里斯·班格一不做，二不休，第二年推出造型更激进的宝马Z4（E85）跑车。Z4跑车的外观造型像是由刀削斧凿的曲面组合而成，极具立体感和运动感，见图4-1-5。克里斯·班格将这种设计理念称为"火焰曲面"（Flame Surfacing），就像是火焰燃烧时的跃动。一个新的设计词汇就此诞生了。

图4-1-5　宝马Z4（E85）跑车

"火焰曲面"的实现要得益于车身冲压技术的突破，可以冲压出具有3D效果的车身钣金，从而可以让克里斯·班格率领他的设计团队充分发挥想象力，打造出活力四射的运动跑车来。当然，在Z4上突出的"班格屁股"也是少不了的。

2003年，克里斯·班格顶着冷嘲热讽，率领团队将"革命"进行到底，推出让人眼前一亮的第五代宝马5系（E60），见图4-1-6。这一代宝马5系是克里斯·班格的顶峰之作，不仅彰显克里斯·班格的"革命"风格，而且展现出宝马汽车理性而前卫的新形象。此前缺点较多的iDrive人机交互系统也进行了简化改进。

图4-1-6　第五代宝马5系

随着新5系的销量增长,赞扬克里斯·班格的声音越来越大,许多竞争对手也开始跟风,一时间革命性设计浪潮席卷世界车坛。

克里斯·班格于1956年在美国俄亥俄州一个小镇出生。后来他拿着自己的作品进入了美国加州帕萨迪纳艺术中心设计学院,在那获得理学学士学位后又在威斯康星大学麦迪逊分校获得工业设计硕士学位。1981年,克里斯·班格跑到德国在欧宝汽车公司找到一份工作,做一些前瞻性的设计,四年中他的主要业绩是第二代欧宝Junior概念车(图4-1-7)的内饰设计。

1985年,克里斯·班格跳槽到

图4-1-7　第二代欧宝Junior概念车

意大利菲亚特汽车公司，就任菲亚特设计中心总监。在这里他的主要作品是菲亚特Coupe轿跑车和阿尔法·罗密欧145。菲亚特Coupe的外观造型非常酷，在强调外观设计的意大利汽车中也显得很前卫。然而意大利的汽车厂商更喜欢将造型设计的工作外包给专业设计公司，致使本公司的设计力量无用武之地。正在克里斯·班格想离开意大利之际，他获得了宝马的邀请，1992年10月1日他成为宝马公司的设计主管。在此后的16年里，克里斯·班格为宝马先后设计了众多划时代的车型，包括宝马1、3、5、6和7系轿车，X3、X5和X6系SUV，Z4跑车以及复兴后的新MINI，收购劳斯莱斯品牌后的第一款车型幻影等。

2008年，他率领设计团队推出的Gina概念车，是最成功的概念车设计案例之一。此车采用软性材料制作车身，因此它的车身形状是可以变化的，见图4-1-8，堪称奇妙无穷。克里斯·班格将Gina概念车称为"挑战现有原则和常规的艺术设计"。

图4-1-8　宝马Gina概念车

其实，在宝马任职期间，克里斯·班格没有具体设计一款车型，但他是设计总监，负责引领设计方向，提出并诠释设计理念，把握操作尺度，决定最后设计方案。正是在班格执掌宝马设计的时期，宝马超越奔驰成为全球高端汽车品牌销量冠军。

克里斯·班格总是走在时代的前面，使得一些人反对他对宝马设计理念的"革命"，批评他让宝马丢失了优良的经典传统；而支持他的人则认为，克里斯·班格出色的设计理念让宝马摆脱了已陷入困境的设计套路，赋予了宝马品牌新的生命，同时也激励竞争对手勇敢地更新自己的设计理念。无疑，克里斯·班格是30年来争议最大的汽车设计师。

尽管克里斯·班格在2009年离开了宝马，但他在汽车设计领域的影响力今天仍然很大。为了表彰他对汽车造型设计的革命性贡献，2021年的美国设计大奖颁给了克里斯·班格。

第 2 章
灵感是无处不在：弗兰克·斯蒂芬森

代表作：新MINI，第一代宝马X5，法拉利F430，新菲亚特500，迈凯伦P1

弗兰克·斯蒂芬森（Frank Stephenson）于1959年10月出生于摩洛哥，父亲是美国人，母亲是西班牙人。11岁时，他的家人搬到了土耳其的伊斯坦布尔，随后在西班牙的马德里住了两年。高中毕业后，斯蒂芬森花了六年时间参加职业越野摩托车比赛。他年轻时就对绘画和汽车充满热情，1982年至1986年在加州帕萨迪纳艺术中心设计学院学习汽车设计。

图4-2-1　弗兰克·斯蒂芬森

毕业后他来到德国科隆的福特欧洲设计工作室。他的第一个设计作品是带双层尾翼的福特Escort RS Cosworth赛车。据斯蒂芬森自己说，双层尾翼的设计灵感源自第一次世界大战中三翼飞机的设计。他最初设计了一个三层尾翼的方案（图4-2-2），但考虑到成本，最后被迫改成了双层尾翼（图4-2-3、图4-2-4），为此斯蒂芬森感觉就像是被人切断了一根手指。后来随着此车在赛场上的不断胜利,弗兰克·斯蒂芬森开始小有名气。但他后来仍对没采用三层尾翼设计方案而耿耿于怀。

图4-2-2　福特Escort RS Cosworth赛车设计草图

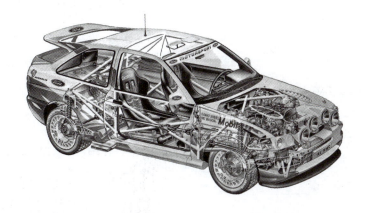

图4-2-3　福特Escort RS Cosworth拉力赛车

图4-2-4　福特Escort RS Cosworth双门轿车

二

1991年，弗兰克·斯蒂芬森跳槽到宝马，来到慕尼黑的宝马设计中心。他在宝马工作了11年，并最终被任命为首席设计师。

在宝马期间，弗兰克·斯蒂芬森具体负责的一项任务是全新MINI的外观设计，让这款经典小车重生。新MINI必须保留原版的一些设计特征，让人一眼看出这是从原来的Mini进化而来的新车型，同时还要符合21世纪人们的审美。弗兰克·斯蒂芬森仔细分析和总结了原版的设计特点，然后赋予现代风格和色彩。弗兰克·斯蒂芬森为新MINI的前脸设计了一个"斗牛犬"的形象，如图4-2-5、图4-2-6，显得更加可爱。当MINI Cooper在2000年巴黎车展上亮相时，弗兰克·斯蒂芬森说：

"它拥有经典Mini的基因和许多特征，但它确实长大了，肌肉更发达了，力量也更强了，也更令人兴奋了。"

（a）

（b）

图4-2-5　新MINI设计草图

图4-2-6　全新MINI Cooper

"It has the genes of the classic Mini and a lot of characteristics, but it's definitely grown, more muscular, more powerful and more exciting."

新MINI正式上市后，虽然争议不断，但又获奖无数，成为经典车型复活的典范。

在宝马期间，弗兰克·斯蒂芬森另一个著名作品是第一代宝马X5，这也是宝马的第一款SUV车型，如图4-2-7。宝马X5的机械构造是在路虎揽胜的平台基础上打造的，但外观造型却是从零开始设计的，没有前代车型可供参考，但又要让人一眼认出"这是一辆宝马汽车"，因此外观设计极具挑战性。斯蒂芬森在宝马设计总监克里斯·班格的领导下，很快完成了造型设计。据称，斯蒂芬森是在乘坐飞机的2个小时内画出了X5的外形草图，并在6周内把它变成了第一辆宝马X5的全尺寸模型。

(a)

(b)

(c)

图4-2-7 第一代宝马X5

三

2002年7月，名扬世界车坛的弗兰克·斯蒂芬森被任命为法拉利-

图4-2-8　法拉利F430设计草图

图4-2-9　法拉利F430超级跑车

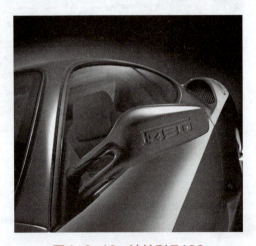

图4-2-10　法拉利F430后视镜的双支承臂设计

玛莎拉蒂设计中心总监。在这里，他领导设计了玛莎拉蒂GranSport、玛莎拉蒂MC12、法拉利FXX和法拉利F430。

其中法拉利F430是由弗兰克·斯蒂芬森与宾尼法利纳合作设计的。法拉利F430车头造型由弗兰克·斯蒂芬森设计，据称他的设计灵感源自1961年的法拉利156型F1赛车，当年由菲尔·希尔驾驶此车赢得了F1比利时分站赛冠军。车头两侧设计有两个大面积的独特进气孔，见图4-2-8、图4-2-9，可以引导空气至散热器，从而提高发动机的冷却效率。这个设计也成了识别F430的主要特征，即使遮挡着法拉利车标，也能一眼认出这就是法拉利F430。弗兰克·斯蒂芬森通过F430成功地为法拉利打造了新的设计语言。另外，车外后视镜采用双支承臂设计，能让空气顺畅地经过后视镜进入车身侧面的进气孔，见图4-2-10。法拉利F430于2004年巴黎车展全球首发，替代法拉利360成为法拉利的入门级跑车，上市后市场表现非常出色。

四

弗兰克·斯蒂芬森在法拉利和玛莎拉蒂跑车设计上的巨大成功，使他在2005年被任命为菲亚特集团造型设计中心负责人。他的任务是拯救苦苦挣扎的菲亚特品牌设计。当时菲亚特的经营陷入困境，急需一款能吸引更多人购买的车型，而经典名车菲亚特500无疑最能引起人们的共鸣。曾经复活Mini的设计师弗兰克·斯蒂芬森，就成为重新设计菲亚特500造型的最佳人选。他认为漂亮、可爱、有吸引力永远是设计小车时最重要的元素。弗兰克·斯蒂芬森设计的菲亚特500，从前面看像是正在欢笑的孩子，从侧面看像是一个可爱的小动物，见图4-2-11、图4-2-12。斯蒂芬森说："设计一款汽车时，不仅要通过漂亮的外观吸引人，还要赋予它情感。"菲亚特500在2007年推出后大受欢迎，菲亚特也借此摆脱困境。就这样，弗兰克·斯蒂芬森继Mini后又复活了一款经典小车。

图4-2-11　新菲亚特500设计草图

图4-2-12 新菲亚特500

五

2008年4月,斯蒂芬森从菲亚特又跳槽到迈凯伦担任设计总监。在那里,他为迈凯伦创造了新的设计语言,并领导设计了一系列惊艳跑车,包括MP4-12C、P1(图4-2-13)、675LT、570S和720S等。斯蒂芬森说,设计汽车时可以向大自然寻求灵感。他通过观察发现快速奔跑的动物都有个共同点,它们身材都很苗条,可以看到凸起的肌肉。斯蒂芬森把这个特点应用在迈凯伦跑车的设计中。据传,在设计迈凯伦P1时,他受海里一种旗鱼的身形启发,利用仿生技术解决了车外后视镜的风噪问题,见图4-2-14。

图4-2-13 迈凯伦P1超级跑车

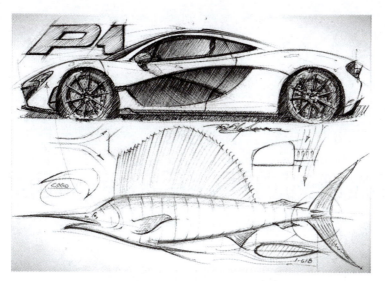

图4-2-14　迈凯伦P1设计草图

2017年，斯蒂芬森离开迈凯伦汽车，成立了自己的设计室。现在他的设计已扩展到汽车之外的领域了，如电动垂直起降喷气式飞机等。

第 3 章
家族脸谱刻画师：沃尔特·德席尔瓦

代表作：第六代奥迪A6，第一代奥迪R8，第六代大众高尔夫

本文主角沃尔特·德席尔瓦（Walter De Silva，图4-3-1）有两大特点：一是爱跳槽，他服务过不少设计公司和汽车品牌；二是注重品牌家族化语言的塑造，阿尔法·罗密欧品牌的"鹰嘴"前脸是他的成名作，而奥迪品牌的"大嘴"则是他的代表作。

图4-3-1　沃尔特·德席尔瓦

德席尔瓦于1951年2月27日出生于意大利的莱科市。他漫长的汽车设计生涯是在1972年从意大利都灵的菲亚特设计中心开始的。他在那里参与设计了菲亚特124型轿车的内饰。四年后他跑到了位于设计之都米兰的博纳托（Bonetto）工作室，但四年后他又回到了都灵，在著名的I.DE.A设计院经历了七年的积累和沉淀，并且受到设计大师伦佐·皮亚诺的指导。

1986年，不安分的德席尔瓦再次跑到了米兰，这次他加入了另一家设计中心。然而他刚到米兰，就传来米兰的阿尔法·罗密欧汽车公司被菲亚特收购的消息，德席尔瓦抓住机会，很快就转投到阿尔法·罗密欧公司担任设计总监。从此，德席尔瓦通过一款款惊艳的汽车，不断向世人展露他的造型设计才华。

在那个年代，法拉利是意大利汽车的速度担当，菲亚特是意大利汽车的销量担当，而阿尔法·罗密欧则是意大利汽车的颜值担当，因此有机会设计阿尔法·罗密欧汽车，是每位汽车设计师的梦想。更何况当时意大利汽车制造商都喜欢将造型设计的工作外包给专业设计公司，因此能亲自设计一款阿尔法·罗密欧汽车，对德席尔瓦来说就是天赐良机。

他一开始就注重为阿尔法·罗密欧塑造家族化前脸，从1995年开始推出的新车型都具有明显的"鹰嘴"前脸造型。倒三角形的徽标外框和发动机盖上的凸起线条，共同组成像鹰嘴一样的特征，乍一看很是凶猛。加上前低后高的车身腰线，整辆汽车显得非常动感。尤其是在1997年推出的156车型（图4-3-2），惊艳法兰克福车展。阿尔法·罗密欧的家族化设计语言，在这款车上表现得更加成熟，德席尔瓦也开始扬名欧洲车坛。

图4-3-2　阿尔法·罗密欧156

三

出名后的德席尔瓦又想到了跳槽。1998年，他本来已与法国PSA集团谈好，准备接任雪铁龙汽车品牌的设计总监，但后来遇到了大众汽车集团的老板皮耶希。于是德席尔瓦改变主意，决定加入大众集团，成为大众旗下西亚特汽车品牌的设计总监。更令人意外的是，德席尔瓦还带着他在阿尔法·罗密欧的设计团队一起投奔过去。

在西亚特的日子里，德席尔瓦仍然按他的老套路，为西亚特塑造新的家族化设计语言。他于2000年推出概念车Salsa，该车突出徽标和徽标外框的设计，只不过将倒三角形变成了倒梯形，见图4-3-3。之后从2001年起推出的西亚特量产车型，都开始更新成倒梯形的进气格栅。西亚特品牌新的家族设计语言就此形成，没落的西班牙汽车品牌也开始充满朝气，起死回生。

图4-3-3　西亚特Salsa概念车

四

2002年，为振兴西亚特汽车立下汗马功劳的德席尔瓦升职了，他调任奥迪品牌设计总监，同时负责兰博基尼、西亚特的设计。此时奥迪的中坚车型A6正处于换代时期，急需在造型设计上脱胎换骨。德席尔瓦来得正是时候，一招鲜，吃遍天，他又使出他的家族脸谱利器，为奥迪汽车打造新的家族设计特征。

两年后,德席尔瓦设计的第六代奥迪A6轿车,在2004年的日内瓦车展上亮相。它那巨大的进气格栅造型,使奥迪A6似有气吞山河之势,而轿跑车式的溜背造型,则让它拥有动感的身姿,见图4-3-4。突破商务轿车传统设计的第六代奥迪A6,被评为"2005世界年度车型"。一时间,"大嘴"造型竟成汽车前脸设计潮流,风靡全球。一直到现在,"大嘴"设计风格依然盛行。

图4-3-4　第六代奥迪A6轿车

此后德席尔瓦又带领团队,成功设计了奥迪Q7(2005年)、奥迪R8(2007年)、奥迪TT(2006年)、奥迪A5(2007年)等"大嘴"家族成员(图4-3-5~图4-3-8)。奥迪汽车的销量也随着新车型的推出而不断攀升,甚至能与奔驰、宝马抢市场了。

图4-3-5　奥迪Q7

图4-3-6　奥迪R8

图4-3-7 奥迪TT

图4-3-8 奥迪A5

五

2007年，振兴奥迪有功的德席尔瓦再次升迁，被任命为大众集团的设计总监，他负责的汽车品牌多达10个。这次他要将家族化进行到底，让每个品牌都有自己的家族脸谱和设计特征，其中重点是塑造大众品牌的家族化前脸。很快，2008年推出的第六代高尔夫（图4-3-9）就以"横向前脸"和横式尾灯的造型，宣告大众品牌的家族脸谱诞生。前脸设计低调、内敛但不乏动感，非常符合大众品牌的定位。

图4-3-9 第六代大众高尔夫

德席尔瓦在推进家族化上获得了巨大成功，促进了汽车的销售，也促使其他汽车品牌更加重视家族化设计。然而，由于同一品牌下不同车型之间的外观区别较小，德席尔瓦的家族化设计也引起巨大争议，并被讽刺为套娃式设计。

  2015年，64岁的德席尔瓦退休。2016年，他以自己的名字成立工作室，开始设计女性高跟鞋。自此，德席尔瓦由画车改为画鞋了，只是不知道他是否会使用家族化概念设计高跟鞋。

第 4 章
从车迷到设计师：伊恩·卡勒姆

代表作：阿斯顿·马丁 DB7，捷豹 XK、XF、XJ、F-Pace、E-Pace、I-Pace

伊恩·卡勒姆（Ian Callum，图 4-4-1）可能是最幸运的车迷。他从小就很喜欢捷豹汽车，后来竟担任捷豹设计总监 20 年，负责设计了多款捷豹名车。

（a） （b）

图 4-4-1 伊恩·卡勒姆

据伊恩·卡勒姆自己说，他 3 岁时就能叫出看到的每辆汽车的名字，而且还喜欢画看到的任何东西，比如房子、电视机，当然还有汽车。小时候他最爱爬到爷爷的汽车顶上玩，他曾说："我很小的时候就决定要成为一名汽车设计师。"有一天，他看到爷爷买的《生活》杂志的封底上印有漂亮的银灰色捷豹 E 型汽车广告，就缠着爷爷带他去看那款捷豹汽车。溺爱孙子的爷爷竟然驱车130千米把伊恩·卡勒姆带到爱丁堡的捷豹展厅参观。那是1968年的事,当时伊恩·卡勒姆14岁。

从爱丁堡回来不久,伊恩·卡勒姆就给捷豹汽车的技术董事比尔·海因斯写信,并附上自己设计的捷豹汽车草图,希望能从事设计捷豹汽车的工作。比尔·海因斯礼貌性地给他回信,建议他还是先到大学就读设计专业,等毕业后再找汽车设计的工作。

伊恩·卡勒姆言听计从,他先是到格拉斯哥艺术学院学习工业设计,毕业后又到伦敦皇家艺术学院就读研究生,并获得汽车设计专业的硕士学位。但他学成毕业后并没有到捷豹工作,而是在1979年到福特汽车公司工作。

他在福特公司一开始只是做一些汽车部件的设计工作,主要是设计方向盘等内饰件,后来参与了福特RS200拉力赛车和福特Escort RS Cosworth的外观设计工作。几年后,他被任命为福特旗下吉亚(Ghia)设计工作室经理,因推出Via、Zig和Zag三款概念车而小有名气。

吉亚设计室在意大利都灵,每次回伦敦他要驱车12个小时,而且在福特这样的大公司中,想按自己的想法设计一款车根本不可能。正当伊恩·卡勒姆在事业上遇到瓶颈之时,有朋友介绍他入伙TWR设计公司,这是一家专为汽车制造商提供设计服务的公司,不仅薪水加倍,离家更近,而且创作更自由。1990年,伊恩·卡勒姆加入TWR设计公司,并在1991年被任命为首席设计师兼总经理。

在TWR期间,伊恩·卡勒姆的设计才华有了用武之地。他的第一个设计项目竟然是阿斯顿·马丁DB7(图4-4-2),这让伊恩·卡勒姆激动万分,同时也"压力山大"。当时阿斯顿·马丁已陷入经营困境,急需一款惊世之作挽救命运。伊恩·卡勒姆从画概念草图开始设计，并与黏土建模团队密切合作，确保每个细节、每个角度都是完美的。同时他还要与工程设计沟通配合，对底盘设计进行了无数次修改。为了降低发动机盖的高度，他曾向工程设计师提出把发动机支架降低20毫米的"蛮横"要求。设计方案历经三年终于完成，1993年推出的DB7成为阿斯顿·马丁历史上最畅销的车型，阿斯顿·马丁从此起死回生。

图4-4-2　阿斯顿·马丁DB7

　　伊恩·卡勒姆也成了挽救阿斯顿·马丁的大救星。此后，伊恩·卡勒姆再接再厉，又为阿斯顿·马丁设计了Vanquish、DB7 Vantage。伊恩·卡勒姆声称还设计了DB9的全部及V8 Vantage的百分之八十，但后来阿斯顿·马丁汽车的设计总监菲斯克坚决否认这个说法。其实通过对比伊恩·卡勒姆设计的Vantage原型车（图4-4-3）与后来的V8 Vantage量产车（图4-4-4）可明显看出，两车在外形上真的相差无几。伊恩·卡勒姆还领导TWR的设计团队，设计了沃尔沃C70、福特Puma、日产R390GT1勒芒版等。

(a) (b)

图4-4-3　阿斯顿·马丁Vantage原型车

图4-4-4　阿斯顿·马丁V8 Vantage量产车

1999年，捷豹汽车的设计总监意外去世，伊恩·卡勒姆加入捷豹担任设计总监。这份工作可是伊恩·卡勒姆孩童时候的梦想，在他45岁时竟然实现了，幸福的他一直到2019年退休才离开捷豹。

在捷豹的20年设计生涯中，伊恩·卡勒姆大放异彩，将捷豹汽车带离复古、沉闷、保守的风格，转而带领捷豹在21世纪走向炫酷、前卫、年轻、至美的风格。他说："捷豹的风格30年来没有改变过，它已变成了一辆保守的老人车，我要尽力把捷豹变成我记忆中1960年代的韵味——动感、酷炫、年轻。"

一款新车从设计到投产并不是一蹴而就的,直到2005年,伊恩·卡勒姆设计的新捷豹才逐步亮相。第一款就是在2005年推出的捷豹XK,随后在2008年推出捷豹XF,2009年推出XJ,一款比一款炫酷、性感、优雅,有传承更有创新,捷豹汽车又满血复活了(图4-4-5~图4-4-7)。

2010年,在巴黎车展上推出伊恩·卡勒姆设计的捷豹C-X75电动超跑概念车,更是将捷豹的设计推向潮流顶峰。它的外形设计不仅吸取了1966年XJ 13勒芒赛车的灵感,而且应用了先进的空气动力学设计,比如自动关闭的进气格栅和进气口,自动升起的后扰流板,带主动翼片的后扩散器等,使其最高车速达到330千米/时。

伊恩·卡勒姆称捷豹C-X75概念车"可能是迄今为止最优雅迷人的捷豹汽车",只可惜这款价值100

图4-4-5 捷豹XK

图4-4-6 捷豹XF

图4-4-7 捷豹XJ

万英镑的超级跑车并不适合捷豹生产。但伊恩·卡勒姆认为:"这是一款具有开创性的汽车,它为我们现在所看到的捷豹设计语言奠定了基础!"

从2012年起,伊恩·卡勒姆推出新车型的速度明显加快,差不多是一年一个新车型,每款都炫酷无比,从F型敞篷版、F型跑车、XE轿车,到F-Pace、E-Pace、I-Pace三款SUV车型,都成了汽车设计界关注的焦点。其中捷豹I-Pace电动SUV(图4-4-8)获得了"2019世界年度车型"大奖。

图4-4-8　捷豹I-Pace电动SUV

在谈到I-Pace的成功设计时,卡勒姆说:"这表明,你可以舍弃捷豹的一些传统设计规则,比如长发动机盖、靠后的驾驶舱、锥形式尾部等,但仍能看出这是一款漂亮的捷豹汽车。"他说:

"你可以做一些非常有创意的设计,但不要放弃美丽。"

"You could still do something pretty creative but not give up on beauty."

伊恩·卡勒姆好像有无穷无尽的新点子，无论是跑车、SUV还是电动汽车，他都能让人眼前一亮。

四

2019年6月初，卡勒姆宣布辞职，但仍担任公司的设计顾问。他在一次采访中说："设计捷豹汽车是我一生的梦想，我很高兴能继续担任这个品牌的顾问。"

伊恩·卡勒姆在捷豹任职的20年间，始终对捷豹品牌充满热情。他和他的作品，代表着汽车设计领域最具前瞻性、创新性和富有情感的设计理念，他为捷豹开创了全新的设计语言。对于一个从小就喜欢捷豹汽车的车迷来讲，伊恩·卡勒姆实现了人生的最大梦想。

伊恩·卡勒姆谈汽车设计

问： 如今有了各种设计软件和技术后，铅笔、纸和画板还能发挥作用吗？

答： 你必须在脑子里先想出点子，然后把它们画出来。我一直在画素描，很多年轻的设计师都是从画板开始的，现在他们仍然使用画板。有任何想法后最初就是画草图，再把这些草图转化成Photoshop中的效果图，然后再建模制作三维模型。一旦三维模型确定后，我们还需要制作一个全尺寸的黏土模型。我们要亲自绕着它走，触摸它，感受它，不断地修正它。

问： 设计汽车时怎样考虑车身比例问题？是否存在黄金比例或类似模式？

答： 纯粹的比例感并不总是起作用，如果处处都按黄金比例设计就会以平凡而告终。我总是试着在我的作品中加入一些夸张的元素，如腰线设计。当然，所有设计师都喜欢非常明显的夸张的元素，这可以赋予汽车一些重要特性。

问： 怎样设计出华美的汽车？

答： 设计的关键在于创造华美的车身线条，线条才是完美的象征。我们要让线条尽量简约，线条越少越好，一两根线条就可以决定一辆车的轮廓。

问： 设计汽车时怎样应用空气动力学？

答： 我们非常重视空气动力学设计，保证车身受到的空气阻力足够小。在对车子进行设计时，我们要让空气听话，让空气乖乖地从车的前面向上流动，经过车的顶部，然后往后下方流去。

第 5 章
变色龙华丽转身：亨里克·菲斯克

代表作：宝马 Z8，阿斯顿·马丁 DB9，菲斯克 Tramonto、Karma

亨里克·菲斯克（Henrik Fisker，图 4-5-1）是现今最活跃、最富有、最有争议的设计师之一。他曾设计出最不像宝马的宝马 Z8 跑车，为阿斯顿·马丁设计 V8 Vantage 和 DB9 等畅销名车，还曾设计并制造了世界第一款高端插电式混合动力汽车菲斯克 Karma，他以 16 亿美元的财产名列世界富豪榜中，他曾两度创办汽车制造公司，他曾多次被评为世界十大汽车设计师。

图 4-5-1　亨里克·菲斯克

亨里克·菲斯克于 1963 年 8 月出生于丹麦。据他自己说，在他还是小男孩的时候，在高速公路上看到一辆玛莎拉蒂 Bora 后，他就开始对汽车设计产生了兴趣，并开始在笔记本上画汽车设计草图。

一

亨里克·菲斯克非常幸运，一毕业就应聘到宝马设在慕尼黑的Technik设计工作室。他在那里参与设计的第一个项目是宝马E1电动概念车。从1992年到1997年，他负责将宝马Z07概念车设计成一款能够量产的跑车，这就是在1999年到2003年生产的宝马Z8跑车（图4-5-2）。

在外形设计上，Z8显然是向1956年至1959年生产的宝马507跑车（图4-5-3）致敬，传承的元素很明显，复古味道较浓，与当时宝马品牌年轻向上、充满活力的形象有差异，因此有人称Z8是最不像宝马的一款宝马汽车。菲斯克认为："你第一眼看上去它有一种复古的感觉，但它非常现代。"1999年，宝马Z8跑车因在詹姆斯·邦德的电影中作为主角座驾而成为耀眼的明星车型，菲斯克也因此在汽车设计界一炮而红。

（a）

（b）

（c）

图4-5-2　宝马Z8跑车

(a)　　　　　　　　　　　　　　(b)

图4-5-3　宝马507

二

菲斯克在宝马工作12年后跳槽到福特公司，成为福特汽车旗下阿斯顿·马丁汽车的设计总监。他的第一份工作是接手伊恩·卡勒姆没有完成设计的DB9（图4-5-4）。在设计DB9的过程中，菲斯克仍然像设计宝马Z8那样，喜欢借鉴品牌的经典传统和历史上最漂亮的汽车的设计元素。菲斯克后来说，他特别受到阿斯顿·马丁DB4 GT Zagato的启发，他说："我从阿斯顿·马丁最好的历史中带回了最强大的元素。"

图4-5-4　阿斯顿·马丁DB9

在完成DB9后，菲斯克将设计重点放在阿斯顿·马丁V8 Vantage上。菲斯克仍然采用长发动机盖、短前悬、低重心的动感设计模式，汽车像是匍匐在地的猛兽，准备随时出击，见图4-5-5，车身线条虽然简洁但十分漂亮。V8 Vantage作为阿斯顿·马丁的入门车型，在2005年推出后很受欢迎。然而这却引起了谁是DB9和V8 Vantage真正设计者的争议。伊恩·卡勒姆两次在采访中声称，DB9几乎百分之百、V8 Vantage百分之八十都是自己设计的。这些言论都被菲斯克坚决否认。

图4-5-5　阿斯顿·马丁V8 Vantage

菲斯克于2005年离开福特，与人合伙创办了菲斯克车身公司，从事专业设计和改装汽车。菲斯克推出的第一款车型是菲斯克Tramonto跑车，它是根据奔驰SL级跑车打造的，其发动机盖仍然很长，这也是菲斯克的典型设计特色。菲斯克在这款车的尾部设计中下了很多功夫，使其更光滑、漂亮和性感，见图4-5-6。他认为汽车尾部往往是设计师不太重视的地方，有时方形的尾灯或难看的保险杠都会影响美观。他说：

（a）　　　　　　　　　　　　（b）

图4-5-6　菲斯克Tramonto跑车

"很多时候，你绕着一辆你觉得很漂亮的车走，当你走到车后时就会感到失望。"

"Too often you walk around a car you'll find beautiful and you're disappointed when you get to the back."

菲斯克推出的第二款车型是菲斯克Latigo CS（图4-5-7），是根据宝马6系轿跑车打造的。菲斯克希望人们看到它时会发出感叹："这是什么车？"他做到了，这款车的前脸看起来非常另类，车身也很漂亮，但它和Tramonto一样无人问津，曾计划限量生产150辆，最后却只卖出去可怜的几辆。

图4-5-7　菲斯克Latigo CS

四

眼看搞改装是不行了，菲斯克又想往新能源汽车方面转向。他找到一家电池厂搞合作，2007年成立了菲斯克汽车公司，共同开发新能源汽车。菲斯克成功开发了插电式混合动力汽车Karma（图4-5-8）。趁着新能源汽车刚刚兴起，这款号称世界第一款高端插电式混合动力汽车居然卖出去两千多辆，还获得了许多奖项，包括2012年《时代》杂志年度最佳发明奖。但好景不长，菲斯克在2013年以与董事会不合为由辞职，转而设计游艇去了。菲斯克汽车公司随后很快破产，不久被转卖给中国的万向集团。

图4-5-8　菲斯克Karma

活动力极强的亨里克·菲斯克，就像一条不断游走的变色龙。他一转身，2016年又筹钱成立了一家菲斯克公司。虽然公司名中没有了"汽车"二字，但其业务仍是造车，而且还是自动驾驶运动豪华智能电动汽车。第一款车型名为EMotion（图4-5-9），概念车已在2019年亮相。据称，此车续航里程至少640千米，最早在2024年上市。

图4-5-9　菲斯克EMotion

第6章
新势力设计先锋：
弗朗茨·冯·霍尔茨豪森

代表作：马自达Furai概念车，特斯拉Model S、Model X

特斯拉汽车无疑是现今世界上最火爆的汽车品牌，这主要得益于它拥有超强的续航能力，以及它那独特前卫的造型设计。弗朗茨·冯·霍尔茨豪森（Franz von Holzhausen，图4-6-1）正是特斯拉Model S、Model Y、Model X、Model 3和"赛博"（Cybertruck）的设计负责人。

(a)

(b)

图4-6-1　弗朗茨·冯·霍尔茨豪森

一

2008年，霍尔茨豪森在特斯拉老板埃隆·马斯克的极力邀请下，加入了特斯拉担任设计总监。当时特斯拉公司正濒临破产。该公司只有一款车型可以出售，那就是借用路特斯车身和底盘的电动汽车Roadster。尽管后来筹集到了资金，但特斯拉仍处于风口浪尖。

对于霍尔茨豪森来说，设计纯电动汽车也是一个从未遇到过的挑战。不需要围绕发动机、传动系统或排气系统进行设计，因此也充满无限的可能性和不可预料的变数，一切都无章可循。然而不可思议的是，霍尔茨豪森竟然在9个月后就设计出了Model S（图4-6-2）。

图4-6-2　特斯拉Model S

特斯拉Model S电动汽车推出后，轰动车坛，一方面是它的续航里程已能与燃油汽车相媲美，另一方面就是它那简约、前卫的外形设计以及用一个大屏替代内饰中的主要操作按钮。这个夸张而空前的大屏设计，不仅彰显高科技的理念，而且还可以减少传统内饰设计时间，降低制造成本。

Model S另一个设计亮点是它的伸缩式门把手，据传这是根据特斯拉的老板马斯克的特别要求设计的。当驾驶者靠近车身时，门把手会自动从车身内伸出来，好像是和你握手，欢迎你来驾驶。这种伸缩门把手虽然在一些超级跑车上也出现过，但在Model S上代表的却是一种互动和交流。霍尔茨豪森认为，汽车虽然是由千万个零件组成，但是它并不仅仅是个代步工具，他说：

> "我希望汽车能与车主友好交流和互动，让车主觉得他驾驶的并不是一辆冷酷之车。"

> "I hope to make the car and the owner of the friendly communication and interaction, so that the owner feel that he is not driving a cold car."

同时霍尔茨豪森也认为，伸缩式门把手在一定程度上还能降低风阻系数，减小空气阻力，从而提高能耗效率，而这对电动汽车更为重要。

二

特斯拉 Model S 的车身线条非常简单，没有复杂的设计。后来改款的 Model S 及后来设计的 Model Y（图4-6-3）、Model X（图4-6-4）、Model 3 连原来伪装的进气格栅也都去掉了，整个车身像一颗子弹一样简洁、流畅，并呈现出运动的姿态。

图4-6-3　特斯拉 Model Y

图4-6-4 特斯拉Model X

霍尔茨豪森称，这种极简的设计风格与他曾在瑞典生活过有关，他深受"简单而优雅"的瑞典风格影响。为了突出简约风格，他甚至将特斯拉徽标中的盾牌图案都去掉了，只剩下一个大大的"T"字。

霍尔茨豪森曾透露说，Model S的设计灵感源自环法自行车赛。在设计中他试图模仿自行车运动员的身材和运动姿态。他们身上没有多余的肌肉，骑车时整个身形符合空气动力学效应。后来所有的特斯拉车型也都是按照霍尔茨豪森的简约、高效、优雅这些理念设计的。

霍尔茨豪森认为，在设计时他们遇到的最大挑战是怎样满足世界不同地区车主们的不同需求。汽车设计不能过于前卫，"不需要通过前卫设计来故意阐明我们是电动汽车。"但他又说："我们的目标就是希望颠覆传统，而颠覆并不只是在动力上，而是从各个方面都希望颠覆，Model S的17英寸大屏幕就是在这种设计理念下诞生的。"

纵观霍尔茨豪森负责设计的这几款特斯拉车型，虽然都给人十分新鲜的高科技感，但并不怪异和另类。设计风格的引领、具体尺度的把握，正是设计总监的能力体现。

霍尔茨豪森认为，每一辆特斯拉都必须是漂亮的，让一件工业设计变得漂亮并不需要花费额外成本。在竞争激烈的市场中，只要把美貌作为首要设计原则，最漂亮的产品就会脱颖而出。

霍尔茨豪森还设计了备受争议的"赛博"概念车。当这只不锈钢外壳的怪兽首次作为概念车亮相时，它成功地获得了大量媒体的报道和无数的点赞与嘲讽，因为"赛博"的外观看起来更像是来自外星球的机器，见图4-6-5。要知道霍尔茨豪森可是设计概念车出道的，在加入特斯拉之前几乎一直在设计概念车，但他的这次设计确实有点"过头"了，连一个门把手也没有。

图4-6-5 特斯拉"赛博"概念车

三

从名字上看，弗朗茨·冯·霍尔茨豪森像是德国人，其实他于1968年5月出生在美国，毕业于美国加州帕萨迪纳艺术中心设计学院。在大学期间，霍尔茨豪森有相当长一段时间在瑞典度过，使他喜欢上了瑞典的简约优雅风格。1992年毕业后，他来到了大众汽车的美国设计中心，参与设计了新甲壳虫1号概念车和微型巴士（Microbus）概念车（图4-6-6）项目。8年后，他跳槽到通用汽车，参与设计了三款知名概念车：庞蒂亚克Solstice（图4-6-7）、土星Sky（图4-6-8）以及欧宝GT。2005年，他又转投到马自达北美设计中心担任设计总监。在马自达北美设计中心期间，他设计了"流"（Nagare）、"风籁"（Furai）等多款概念车（图4-6-9、图4-6-10）。这一系列前瞻性设计让霍尔茨豪森在汽车设计界声名鹊起。正是他的这些惊艳概念车设计，引起了特斯拉老板马斯克的关注，并邀请他一起参观了位于加州的特斯拉总部。两人一拍即合，决心一起为世界车坛创造惊喜和传奇。

图4-6-6　大众Microbus概念车

图4-6-7　庞蒂亚克Solstice

图4-6-8　土星Sky概念车

图4-6-9　马自达"流"概念车

图4-6-10　马自达"风籁"概念车

霍尔茨豪森带领团队从零开始设计一款电动汽车，他在9个月后就向马斯克提交成果了，附带还有250项原创技术专利。而传统汽车厂商设计一款汽车，至少也要3年才可能定产。不仅霍尔茨豪森设计的汽车具有超高的效率，而且他设计汽车的过程也很高效。他在设计中应用了很多成熟的传统汽车零部件和配置，这样他就可以将设计力量集中于造型设计、电力驱动和电控系统上，从而节省大量设计时间。

　　人们都说发动机是汽车的灵魂，而电动汽车就像是没有灵魂的汽车。这对电动汽车设计师提出了巨大的挑战，而弗朗茨·冯·霍尔茨豪森无疑战胜了这个挑战。

第 5 篇
怎样设计车身外观

现在一款汽车的造型设计都是由设计团队完成的，一个设计师单打独斗的时代早已过去。车身造型设计团队的任务通常分为三个方面：车身外观设计、内饰设计、色彩和装饰设计。其中，车身外观设计又包括车身造型、车身比例和尺寸、车身细节附件等设计项目，其设计流程大致分四步完成。

第1章
绘制概念草图

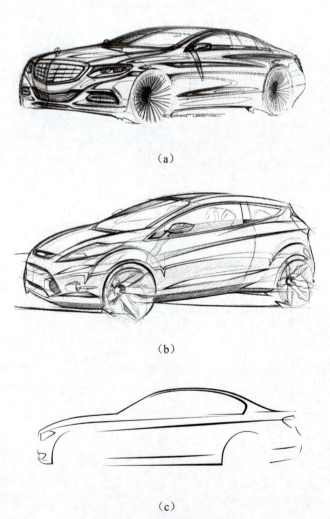

(a)

(b)

(c)

图 5-1-1　汽车概念草图

汽车设计都是先从绘制概念草图（Concept Sketching）开始的，当然在此之前应该有市场调研等一系列准备工作。设计师要先将自己头脑中的想法或灵感，用草图的形式向主管和同事们展现出来。草图只是汽车外形的大致轮廓，表达的是一种理念，没有必要太精致，只要看出基本风格即可，因此在概念草图上可以看到许多线条，见图 5-1-1、图 5-1-2。如有必要，可将草图放大到与真车一样来观看。

(a)

(b)

图 5-1-2　绘制中的汽车概念草图

第2章 画设计效果图

(a)

(b)

(c)

图5-2-1 设计效果图

在选定若干草图的基础上，就可以着手描绘设计效果图（Design Renderings）。它比草图更细致，不仅局部细节更逼真，而且立体感更强。为了让人们看清各部位的细节，效果图一般都是彩色图，线条已不多见，并有不同角度的视图，见图5-2-1。有些效果图是手绘的，如用马克笔、色粉或喷枪等，见图5-2-2；但现在更多的设计师使用计算机辅助绘制效果图，可以在电脑上用3D图全方位展现设计效果，见图5-2-3。

图5-2-2　设计师手绘效果图

图5-2-3　设计师使用计算机辅助绘制效果图

第 3 章
制作油泥模型

根据效果图确定了设计方案,设计师便开始制作1∶5的油泥模型(Clay Modeling),见图5-3-1。虽然电脑技术在汽车设计上应用较广,但由于油泥模型非常直观,它依然是汽车设计生产中的必要环节。所谓的油泥,其实是一种类似橡皮泥的黏土,但是更加坚硬,成型后的细节需要用刀刮削才能完成,见图5-3-2。为了便于修改,一般都是先做较小的1∶5油泥模型。

经过对1∶5模型的评估,决策层会选择一个设计方案。随后测量模型数据,并将这些数据输入三轴或五轴数控铣床中,将一大堆黏土"雕刻"成与真车大小相同的油泥模型,然后再进行表面平整处理和精细修整,见图5-3-3。

即使计算机辅助设计或虚拟模型技术已经非常先进,但油泥模型仍然是汽车外观设计中最重要和最终的评估工具。

图5-3-1　1∶5油泥模型

图5-3-2　制作中的1∶5油泥模型

(a)

(b)

(c)

图5-3-3 设计师对真车大小的油泥模型进行修整

第 4 章
电脑辅助设计

油泥模型完成并确定设计方案后,使用三维测量仪器对油泥模型进行最后的数据测量。测量后生成的数据称为点云(Point Cloud),每一个点包含三维坐标。工程师根据点云,使用曲线软件就可以在电脑上构建汽车外形曲面,也就是数模构建,见图5-4-1。

(a)

(b)

图5-4-1 汽车外形曲面

汽车外形数据确立后，可根据安全性设计的需要，如车前部和后部的吸能结构、车侧面的防撞结构、车顶纵梁和横梁的设计等，使用三维数模软件构建车身部件数模（图5-4-2），并进行材料选择、工艺性分析、焊接设计、装配设计等。当一切设计数据确定后，就可由计算机绘制出车身设计图纸。根据设计图纸就可以打造样车、进行各种实车试验了。

图5-4-2　设计师使用电脑辅助设计车身部件

第 6 篇

怎样成为汽车设计师

曾几何时,一些汽车厂商根本不设计汽车,没有汽车设计师,只有"逆开发"人员,手持皮尺测量他人车型数据而仿造汽车。当然,现在这类车厂基本消失了。

现在发展比较好的都是重视原创设计的厂家。在设计上他们都舍得投入,对优秀设计师的需求很大,尤其是在新能源汽车方面,设计人才一直很抢手。要想成为一名汽车设计师,可以分三步走。

第1章
接受必要的教育

（1）获得与汽车打交道的实际经验。

在你接受汽车设计的正规教育之前，你应该对汽车有真正的兴趣和激情。可以阅读一些介绍汽车构造和原理的科普图书，观看讲解汽车构造与原理的视频。如果可能的话，可以到汽车修理厂观看拆卸汽车的过程，认识汽车的实际构造。你还应该多了解汽车设计的最新趋势，并学习更多关于汽车设计创新的知识。

强大的绘图和雕刻技能也是成为一个成功汽车设计师的关键。如有机会，可参加绘画或雕刻学习班，接受这方面的技能培训。

（2）获得汽车设计专业的学士学位。

学士学位通常是申请汽车设计师职位的最低教育要求。虽然拥有汽车设计或汽车工程专业的学位是最理想的情况，但如果你拥有工业设计或工业工程的学士学位，你也可以成为一名汽车设计师。通常情况下，雇主会招聘汽车设计专业的毕业生到他们的公司工作，或者安排他们实习。大多数汽车设计专业的课程除了汽车构造原理和汽车设计外，还包括计算机辅助设计（CAD）、模型制作等。

（3）如果你想要更高的薪水，就考虑取得硕士学位。

如果想获得更高的薪水，你也可以考虑获得一个汽车工程硕士学位来扩展你的知识和技能。然而，拥有汽车工程硕士学位并不是申请汽车设计师职位的必要条件，工业设计或工业工程专业的硕士学位也是一个不错的选择。

（4）申请去设计公司实习。

与其一头钻进竞争激烈的汽车设计界，不如在学校的最后一年申请在设计公司实习。实习将给你机会与有经验的专业人士一起工作，建立你在专业上的人脉关系。要记住，大多数实习都是没有报酬的。然而，很多实习机会能让你成为设计公司的正式员工，或者让你在应聘竞争中占有一定的优势。

第 2 章
建立作品集和联系

（1）为申请的公司做模拟设计图。

你的设计作品集应该展示你的创造力和创新点，更应该表现出你对该公司目前设计风格的了解。你的作品集还应该展示你在计算机辅助建模和黏土建模方面的能力，让雇主了解你的技能。

（2）在实习期间建立人际关系。

在实习期间，通过向导师和其他专业人士寻求建议和指导来给他们留下好印象。在实习期间，通过完成自己的任务和展示自己的技能，与同事建立专业的关系，给公司的上级留下好印象。在实习结束时，与任何你觉得在专业层面上有联系的导师或同事交换联系方式，和你的实习领导讨论一下未来可能的工作机会，以及你如何进一步发展你的技能，使你成为公司的最佳人选。

（3）加入专业的汽车设计组织。

许多刚刚起步的汽车设计师会加入一些专业组织，以便更好地融入这个行业。这些组织可以帮助你与该领域的其他汽车设计师见面，讨论当前汽车设计的创新点，并与更有经验的设计师建立联系。

可以先问问你的同行、同事、同学，看他们是否加入了专业的行业协会，或者上网查询专业的汽车设计组织。

（4）参加汽车设计展览和会议。

这些都是结识业内重要设计师的好机会，了解最新的设计创新，并与潜在雇主建立联系。许多行业协会都会举办自己的年度会议，争取参加，便于交流。

第 3 章

申请合适的职位

（1）寻找大型知名汽车公司的职位。

许多设计师在上汽、上海大众、一汽、吉利等知名公司寻找入门级职位（图6-3-1）。在大公司工作的好处是，你可以在一个有经验的设计团队中学习，你会获得更稳定的工作和收入。

图6-3-1 寻找大型知名汽车公司的职位

（2）考虑申请新能源汽车公司的职位。

考虑到每人的个性不同，你可能更适合一家刚起步的新能源汽车公司（图6-3-2）。虽然薪水可能比大公司低，但这个领域对设计人才的需求更大一些，而且施展才华的机会也更多。

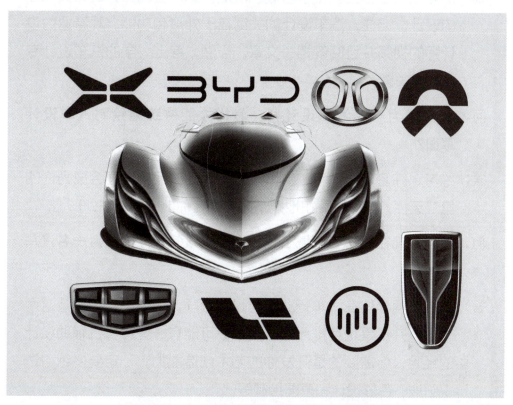

图6-3-2　考虑申请新能源汽车公司的职位

问与答

问： 如果我16岁，想成为一名汽车设计师，我应该做什么？

答： 准备一些绘画工具，学习透视画法。找一些黏土，试着实现你的设计。记住，汽车设计的关键在于外形和功能。观看业内设计师的视频并且阅读相关文章。当然，考上大学的汽车设计专业才是关键。

问： 我想成为一名汽车设计师，怎样才能熟练地绘制汽车设计草图？

答： 练习，练习，再练习。当你不断练习的时候，画画会成为你的第二天性，你可以真正地把精力集中在你期望的汽车外形上。

问： 如果我现在是一名机械工程师，我应该怎样才能成为一名汽车设计师？

答： 你的工程学位在汽车行业绝对是加分项。记住工程和设计这两个学科并不是相互排斥的。现在你可能有一些计算机辅助设计的经验，你需要的是开发你的艺术创造能力，一定要多练习透视画法、色彩设计和草图绘制等。

问： 如果我没有任何与汽车相关的学位，那么我有机会成为一名汽车设计师吗？

答： 你至少应有一个工学学士学位，并且准备好你的设计作品集，充分展现你在汽车设计方面的技能和天赋，用实力说话，也可能会成为一名汽车设计师。

问： 如果我是一个女孩，可以成为汽车设计师吗？

答： 当然可以。在招聘汽车设计师时并没有性别要求。国内外也有很多优秀的女性汽车设计师。

附 录

附录 I
梅赛德斯-奔驰S级造型演变图
（1928—2020）

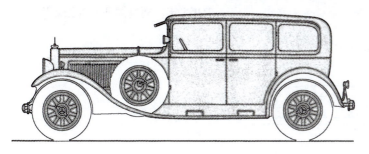

1928年，梅赛德斯-奔驰Nurburg 500

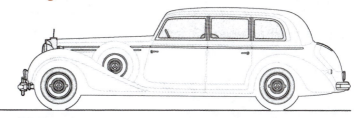

1930年，梅赛德斯-奔驰770

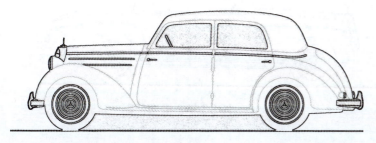

1949年，梅赛德斯-奔驰170S

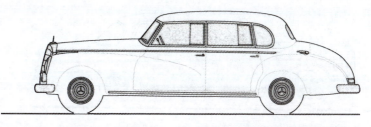

1954年，梅赛德斯-奔驰300

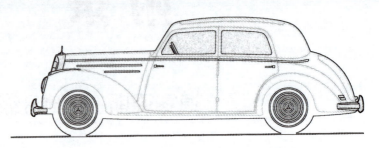

1951年，梅赛德斯-奔驰220

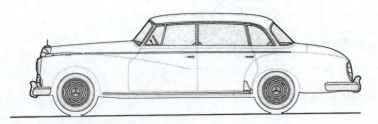

1952年，梅赛德斯-奔驰300d

1956年，梅赛德斯-奔驰220SE

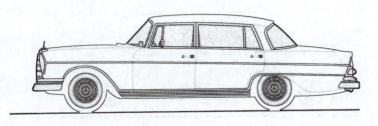

1961年，梅赛德斯-奔驰300SE

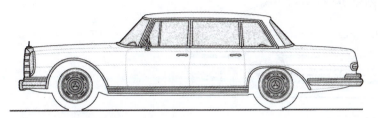
1965年,梅赛德斯-奔驰600

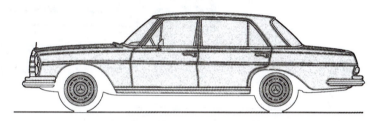
1966年,梅赛德斯-奔驰300SEL 6.3

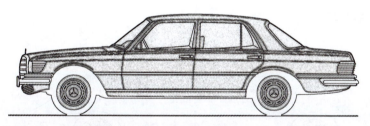
1975年,梅赛德斯-奔驰450SEL 6.9

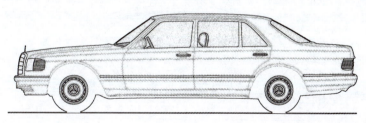
1985年,梅赛德斯-奔驰560SEL

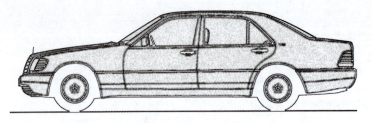

1991年,梅赛德斯-奔驰600SEL

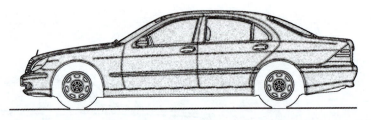

1999年,梅赛德斯-奔驰S500

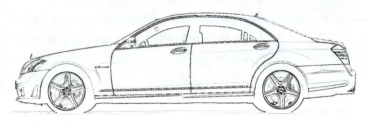

2005年,梅赛德斯-奔驰S级轿车

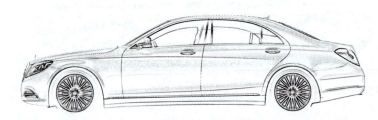

2013年,梅赛德斯-奔驰S级轿车

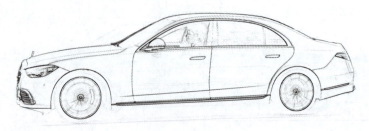

2020年,梅赛德斯-奔驰S级轿车

附录 II
经典汽车造型设计图谱

◀ 第一辆四轮汽车

1886年，戴姆勒给一辆马车装上他研制的发动机，从而发明了第一辆四轮汽车。为了能让驾驶马车的人看清马头前面的路，特意将驾驶座位设置得比较高。

◀ 前置发动机

1891年，法国潘哈德·勒瓦索尔汽车公司率先把发动机放置在车辆的前部，并通过离合器和变速器将动力传递到后轮。

▲ 现代汽车设计

1900年12月，威廉·迈巴赫设计的"梅赛德斯"汽车推出。发动机前置并被"包"起来，底盘很低，四个车轮一样大。从此，汽车造型从马车模式进入现代汽车模式。

◀ 大规模生产

1912年，福特汽车率先在生产中采用了流水线，从此汽车开始了大规模生产，并导致汽车价格迅速降低。福特T型车都被漆成黑色，因为黑色漆在流水线上晾干最快。

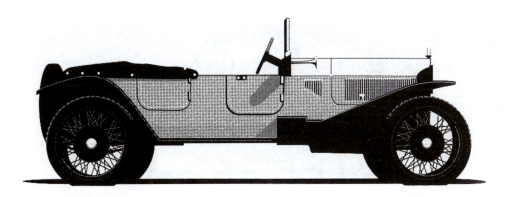

▲ **承载式车身**

1922年，意大利蓝旗亚Lambda率先采用承载式车身，不再使用大梁而是改用车身来承载发动机、变速器等。今天的绝大多数轿车都采用承载式车身设计。

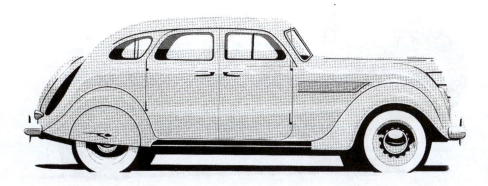

▲ **空气动力学**

1934年，克莱斯勒第一款流线形汽车"气流"上市。虽然这款车颇得空气动力学要旨，但对普通人来说，它的样子却有点难看。

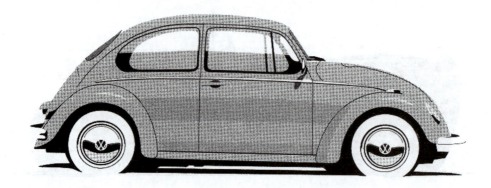

▲ 国民车

1938年,费迪南德·保时捷设计一款造型类似甲壳虫的车型,采用后置发动机,1938—2003年共生产了2100万辆。

▲ 4×4

1945年,根据第二次世界大战中的战地用车而改造的吉普威利斯,是第一款多用途4×4越野车,后来成为路虎、三菱、丰田等越野车竞相模仿设计的对象。

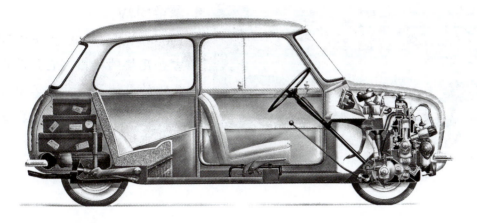

▲ 经济小车

1956年，亚历克·伊斯哥尼斯被请求设计一款小型车，以应对英国出现的石油危机，这样迷你（Mini）的传奇故事就开始了。

▲ 敞篷车

英国人柯林·查普曼是路特斯汽车的老板，他在1962年设计的敞篷跑车路特斯Elan，曾引领世界跑车设计潮流，至今此类汽车的设计都是以Elan为参照。

◀ **豪华SUV**

1963年,第一款豪华SUV吉普瓦格纳推出,它是路虎揽胜的设计灵感。豪华SUV曾只是极小众的尤物,现在它的市场非常大。

▲ **楔形设计**

1971年,甘迪尼为兰博基尼设计一款超级跑车"康塔什",其楔形车身惊艳世界车坛,以至于今天的兰博基尼跑车仍在采用楔形设计。

◀ **掀背车**

高尔夫不是第一辆掀背车,此荣誉应属于1954年的雪铁龙Traction Avant。但乔治亚罗在1974年设计的大众高尔夫,却让掀背车风靡欧洲,并成为掀背车的典型代表。

◀ 第一辆MPV

雷诺汽车公司在1984年推出的单厢车Espace，被认为是世界第一辆多功能车辆（MPV）。

▲ 硬顶敞篷

布鲁诺·萨科率领奔驰汽车的设计团队，在1996年推出硬顶敞篷跑车SLK级。此车引起同行竞相模仿，以至于现在软顶敞篷跑车基本消失了。

▲ 火焰表面

2005年，宝马汽车设计总监克里斯·班格率团队推出造型激进的Z4 Coupe双门跑车。其外观造型就像是火焰燃烧时的跃动，这种设计理念被称为"火焰表面"。

◀ "大嘴"前脸

2004年，顶着一张"大嘴"的奥迪A6轿车亮相。一时间，"大嘴"造型竟成汽车前脸设计潮流，风靡全球。一直到现在，"大嘴"设计风格依然盛行。

◀ 仿生设计

2012年，受海里一种旗鱼的身形启发而设计的迈凯伦P1超级跑车，是仿生学在汽车设计上的典型应用。

▲ 简约潮流

特斯拉Model S电动汽车于2012年推出，它那极其简约的外形设计、用大屏替代操作按钮的内饰设计，使其成为当今汽车设计潮流的引领者。